Christa Kożik

Ein Schneemann für Afrika

Christa Kožik

Ein Schneemann für Afrika

Illustrationen von
Erdmut Oelschlaeger

Der Kinderbuchverlag Berlin

Für Peter Brock

ISBN 3-358-00930-0

Das ist die Geschichte von Kasimir Schneemann, der im Kühlraum eines Schiffes von Rostock nach Afrika kam.

Er war ein Geschenk des Matrosen Karli für das kleine afrikanische Mädchen Asina in Cocatuttibana.

Am Äquator um die Weihnachtszeit geschah ein Wunder: Kasimir Schneemann wurde lebendig.

Denn es gibt ein Geheimnis: Schneemänner, die an den Äquator kommen, werden lebendig und können sogar in der Schneesprache sprechen.

Das hat bisher noch keiner gewußt, weil ja noch nie ein Schneemann an den Äquator gekommen war.

Die Geschichte beginnt...

…auf der anderen Seite unserer Erde – in Afrika.

Dort liegt die kleine afrikanische Hafenstadt Cocatuttibana. Cocatuttibana heißt soviel wie Stadt der sieben blauen Hügel. In Cocatuttibana spürt man den heißen Atem von Afrika und den großen feuchten Atem des Meeres.

An manchen Tagen überschlägt sich das Meer in toller Wildheit, und die Wellen tun so, als wollten sie das ganze Land überschwemmen. Doch nach einigen Stunden hockt das Meer wieder ruhig vor dem gelben Sandstrand, ein träges blaues Wassertier, das mit seiner unendlichen Wasserzunge gierig den Sand beleckt.

Und der Meerwind schüttelt die grünen Schöpfe der Palmen am Ufer, daß die Affen in den Zweigen erschrecken und sich festklammern müssen. Dann fallen auch die kindskopfgroßen Kokosnüsse herunter. Deshalb geht man an solchen Tagen am besten nicht unter den Palmen spazieren.

Den dicken Lastelefanten zottelt der Wind an den großen Ohren, und den Männern von Cocatuttibana bläst er die Hüte und Mützen von den Köpfen. Den Frauen fährt er mutwillig unter die Röcke. Manchmal weht er ihnen aber auch weißen Oleander und feuerrote Hibiskusblüten vor die nackten Füße. Und aus der Tiefe des Meeres schleudert er die schönsten Muscheln und Schnecken an den Strand, weißrosa und perlmutterfarbene. Die Kinder sammeln sie, und es ist ein glücklicher Tag.

Den Gewürzhändlern auf dem Basar stiehlt der Wind mit unsichtbaren Fingern roten Pfeffer, süßen Zimt, Kardamom und Anis, und er wirbelt sie durch die Luft, daß sich alle Gewürze miteinander vermischen.

Vielleicht riecht und schmeckt die Luft in Cocatuttibana deshalb so süß.

An anderen Tagen schläft der Wind erschöpft ein, weht vielleicht noch einige Blüten ins Meer. Dann berühren sich Himmel und Meer und Land auf sanfte Weise. Und das Meer schaukelt sachte die Fische in der großen Wasserwiege. Da sagen abends die Vögel den Fischen gute Nacht, und die Menschen, die müde von der harten Tagesarbeit sind, schlafen gut und haben sanfte Träume.

Die größte Sensation in Cocatuttibana ist es, wenn ein Schiff aus der Ferne anlegt.

Diese Nachricht verbreitet sich wie ein Lauffeuer durch die kleine Stadt, und alle Leute, die Zeit haben, rennen zum Hafen. Von dort aus sehen sie das weiße Schiff weit draußen auf dem Meer wie etwas Wunderbares, eine Verheißung aus der fernen Fremde, die Glück und Geheimnis ahnen läßt.

In Cocatuttibana wohnt auch Asina.

Asina ist sieben Jahre alt. Sie hat braune Haut wie Milchschokolade, Augen wie dunkelglänzende Malzbonbons und Zähne wie kleine Perlmuscheln.

Das Lustigste an Asina sind ihre Zöpfe.

Sonntags trägt Asina 21 weiße Schleifen an den Zöpfen und wochentags 21 rote Schleifen.

Daran erkennt jeder in Cocatuttibana, ob Sonntag oder Wochentag ist.

Heute ist Sonntag, ein Sonntag im Dezember. Und obwohl Dezember ist, scheint heiß die Sonne vom Himmel wie geschmolzener Honig.

Asina sitzt unter ihrem Lieblingsbaum. Das ist ein riesiger alter Affenbrotbaum. Sein Stamm ist so dick, daß zehn Kinder einen Kreis bilden müssen, um ihn mit den Armen zu umfassen.

Asina wartet.

Im grünen Gewölbe der Äste wohnen die weißen Reiher und krächzen in ihrer Vogelsprache.

Asina läßt den Sand durch die Finger rieseln. Wie langsam doch manchmal die Zeit verrinnt. Am Sonntag besonders.

„Ein Schiff wird kommen..." summt Asina leise.

Aber es ist schon der dritte Sonntag vergangen, und kein Schiff ist

gekommen. Vor allem nicht das Schiff mit Karli, dem Matrosen aus Rostock, der Asinas Freund ist, obwohl er dreizehn Jahre älter ist als sie.

Und Karli hat doch Asina etwas Wunderschönes versprochen, etwas Besonderes, was es in ganz Afrika nicht gibt. Das hat er beim Abschied gesagt.

Die Reiher putzen ihr weißes Gefieder und krächzen hämisch, so als lachten sie über Asina.

Asina steckt ihnen die Zunge heraus. Sie sieht hinüber zur Hafenbucht, wo die kleinen Segelboote mit den roten Lateinsegeln schaukeln.

Und Asinas Blick geht weit über den Horizont, dort, wo sich Himmel und Wasser sanft berühren. Aber kein Schiff ist zu sehen, kein Schiff, das Glück und fremdes Geheimnis bringt.

2.

Weit weg von Asina, hinter den Meeren, im fernen Europa, in der Hafenstadt Rostock, schneit es.

Die Schneeflocken fallen leicht und leise wie flüchtige Küsse des Himmels zur Erde.

Frierend sitzen die Möwen auf dem vereisten Wasser, und ihr spitzer Schrei klirrt in der Stille.

Nur von fern hört man das Lachen von Kindern. Sie bauen einen Schneemann.

Im Hafen liegen viele Schiffe. Eines davon heißt „Albatros“. Und auf dem Oberdeck steht der Matrose Karli und schaut in den Schneehimmel. Er hat Wachdienst und muß den Schnee vom Schiff wegfegen. Aber der Schnee ist viel schneller als Karli mit dem Besen.

Karli schaut den Schneeflocken zu. Sie tanzen und taumeln, und Karli versucht, einige Flocken mit dem Mund aufzufangen. Wie schön dieser Schnee ist. Ein weißer Zauber aus winzigen Sternen, die auf der Haut zerschmelzen.

Asina wird warten, denkt Karli. Wie konnte ich nur das Geschenk für sie vergessen? Etwas Wunderbares wollte ich ihr kaufen.

Vergessen, vergessen, vergessen.

Karli spuckt ins Wasser. Ich bin ein Idiot. Versprechen muß man halten. Aber ich kann es nicht, weil ich nicht mehr an Land darf, weil das Schiff gleich abfährt, weil ich Schnee fegen muß. Teufel und Tintenfisch! Ich bin ein Oberidiot.

Karli schwingt den Besen, daß sich kleine Schneeberge türmen. Er bückt sich und formt einen Schneeball. Den wirft er weit ans Ufer, gerade dorthin, wo die Kinder den Schneemann bauen.

Die Kinder lachen und winken. Sie haben den Schneemann jetzt fertig, ein lustiges Geschöpf mit schwarzem Hut und roter Möhrennase.

Karli sieht den Schneemann und hat plötzlich eine Erleuchtung. Er läßt den Besen fallen, rennt übers Deck, die Schiffstreppe hinunter, als hätte ihn eine Biene gestochen.

An der Gangway stößt er mit Sebastian, dem Ersten Offizier, zusammen.

„Halt! Hast du Schnee gefegt, Matrose?"

„Ja, ja", schreit Karli. „Ich bin gleich wieder da."

„Nein, du kannst jetzt nicht weg, wir fahren gleich los." Und Sebastian stellt sich Karli in den Weg.

„Aber ich muß", schreit Karli und ist nicht aufzuhalten. Außer Atem kommt er bei den Kindern an.

„Kinder, ich brauche euren Schneemann!"

Die Kinder sehen Karli verwundert an.

„Wozu braucht denn ein Seemann einen Schneemann?" fragt das kleinste Mädchen, Henrike.

„Wir fahren nach Afrika, und ich brauche ein Geschenk", antwortet Karli und macht ein bittendes Gesicht.

Jonas, der älteste Junge, tippt sich an die Stirn und sieht die anderen vielsagend an. „Ein Schneemann für Afrika...?"

„Ja, er soll für Asina sein. Asina hat doch noch nie Schnee gesehen. Und ich habe ihr beim letztenmal versprochen, ihr etwas mitzubringen, was es in Afrika nicht gibt. Versteht ihr das?"

Die Kinder sehen sich an. Dann sagt Jonas: „Wenn es so ist, dann nimm ihn schon." Und die anderen Kinder nicken, denn Kinder verstehen die Erwachsenen meist viel schneller als die Erwachsenen die Kinder. Das wißt ihr sicher auch.

Plötzlich tutet die „Albatros" wie zehn Elefanten. Es ist das Abfahrtssignal. Karli umarmt den Schneemann und hastet mit ihm davon, daß die Mohrrübennase wackelt.

„Großes Dankeschön", schreit Karli im Gehen.

Und die kleine Henrike ruft: „Grüß Asina von uns! Asina in Afrika."

Karli schleppt den Schneemann die Gangway hinauf. Er stellt ihn

oben an Deck vor sich hin und betrachtet ihn voller Freude.

Den Kopf hält der Schneemann ein wenig schief, als betrachte er ebenfalls Karli genau. Auch Schneearme hat er und große Schneefüße.

Am seltsamsten aber sind seine Augen, Augen aus zwei blauen Papierblumen. Die Blütenblätter sehen wie Augenwimpern aus. Ein Schneemann mit blauen Augen. Na, Asina wird ihre Freude an dir haben, denkt Karli. Und weiter denkt er, daß der schwarze steife Hut ihn so alt macht. Deshalb nimmt er ihm den Hut ab und setzt ihm seine blaue Matrosenmütze auf.

„Seit wann spielen Seemänner im Dienst mit Schneemännern?“ hört Karli eine strenge Stimme hinter sich. Schnell will er sich vor den Schneemann stellen, um ihn zu verdecken. Aber das geht schlecht, denn der Schneemann reicht Karli bis zu den Schultern.

„Du sollst Schnee fegen, hab ich gesagt, und keinen Schneemann bauen“, schreit Sebastian, der Erste Offizier.

Karli zögert. „Der soll mit nach Afrika...“

Sebastian lacht. „Beim heiligen Klabautermann! Nähmaschinen, eine

Herde Schafe und rosa Klosettbecken, das hatte ich schon als Fracht nach Afrika. Einen Schneemann noch nicht."

„Na prima, da wird's ja Zeit", schmunzelt Karli.

Sebastians Gesicht wird ernst. „Spaß beiseite. Ein Schneemann an Bord bringt Unglück, würde mein Seemannsgroßvater sagen. Schmeiß das Ding über Bord. Das ist ein Befehl!"

Karli sieht ratlos den Schneemann an. Endlich hab ich dich, und jetzt soll ich dich ins Wasser werfen?

Als Sebastian verschwunden ist, schleppt Karli den Schneemann in die Schiffsküche.

In der Küche ist keiner, weil Bob, der neue Koch, gerade an der Reling steht und seiner Großmutter unten am Kai zum Abschied winkt.

Karli räumt den großen Kühlschrank in der Kombüse aus. Würste, Eier, Butter, Milch und Käse stapeln sich zu Bergen. Aber als Karli den Schneemann in den Kühlschrank hineinstellen will, ist der Kühlschrank zu klein und der Schneemann zu groß.

Also doch ins Wasser.

Karli schleppt den Schneemann aus der Kombüse.

Und während die „Albatros" die Leinen losmacht und den großen Anker lichtet, stolpert Karli schnaufend mit dem Schneemann die Schiffstreppe hinunter in die Kühlkammer. Er öffnet die schwere eiserne Kühlkammertür.

Die Kühlkammer ist voller vereister Würste und Schinken, die von der Decke baumeln. Aber unten ist noch viel Platz.

Also schiebt Karli den Schneemann hinein, daß dem die Würste um die Nase baumeln. Das sieht sehr lustig aus. Und wie er da so steht, mit etwas geneigtem Kopf, ist es, als würde er lächeln.

Kann ein Schneemann lächeln? Ich weiß es nicht genau, aber man könnte es sich vorstellen, zumal es ja so viele Dinge auf der Welt gibt, die es eigentlich nicht gibt.

Jedenfalls sieht der Schneemann sehr zufrieden aus, und Karli bindet ihm noch seinen roten Schal um.

Dann öffnet er eine blaue Flasche, auf der in großen Buchstaben FREON steht, und gießt die kaltweiße Flüssigkeit über den Schneemann.

„Ich taufe dich auf den Namen Kasimir. Kasimir Schneemann."

Und zufrieden schließt Karli die dicke eiserne Tür der Kühlkammer.

3.

Die „Albatros“ tutet wie zwanzig Elefanten, denn jetzt fährt sie wirklich los. Im Bauch des Schiffes ist die Fracht verladen, Traktoren, die für Cocatuttibana bestimmt sind. Unten am Kai haben sich die Freundinnen und Frauen und Kinder der Seeleute versammelt.

Das ist ein Winken, Lachen und Weinen. Schiff ahoi! Und immer noch fällt leicht und leise der Schnee.

„Zieh dich warm an und fahr nicht so ins Tiefe“, ruft die Großmutter von Bob Birnbaum, dem Koch.

Die drei kleinen Mädchen von Sebastian, dem Ersten Offizier, die sich gleichen wie ein Ei dem anderen, schreien im Chor: „Papi, Papi, bring uns bitte einen Affen mit.“

Die Kapitänsfrau ruft dem Kapitän zu: „Trink nicht soviel Pfefferminztee.“

Ihr wißt ja, wie Abschied ist. Da sagt man sich die unsinnigsten Dinge, weil das Herz so weh tut und man nicht weinen möchte. Denn wenn man schweigend Abschied nimmt, wird der Abschied noch trauriger, das kennt ihr sicher auch.

Bob, der Koch, schmettert auf seiner Trompete ein Abschiedslied. Keiner hört die falschen Töne, alle sind voll Abschied.

Dann entschwindet die „Albatros“ den winkenden Händen, und vor ihrem Bug zerspringt knirschend das Eis.

Dunkler wird es, und in der Ferne verglimmen die Lichter der Stadt Rostock. Die Möwen begleiten das Schiff noch eine Weile. Dann wird auch der Leuchtturm so klein wie ein Puppenauge. Und jeder an Deck betäubt seinen Abschiedsschmerz, indem er sich in seine Arbeit vertieft.

Bob Birnbaum, der Koch, ist neu an Bord. Dies ist seine erste große Seereise. Bisher war er nur auf Flußdampfern gefahren.

Bob ist lang wie eine Bohnenstange. Deshalb stößt er sich fortwährend den Kopf an den niedrigen Decken und Türrahmen seiner Küche, und dann fällt ihm jedesmal seine Mütze runter. Denn er trägt, wie alle richtigen Köche, eine hochragende, weißgestärkte Kochmütze.

Bob ist ein wenig aufgeregt, denn er muß das Abendbrot für die Mannschaft zubereiten. Und das Schaukeln des Schiffes macht ihn unruhig, weil er das nicht gewöhnt ist.

Schwankend geht er den Niedergang runter, um aus der Kühlkammer die Bratwürste zu holen. Als er die schwere Eisentür öffnet, glaubt er zu träumen. Da steht, schneefrisch und fröhlich umkränzt von Bockwurstketten, ein Schneemann. Seine Möhrennase glänzt, und die blauen Blumenaugen blicken unschuldig und heiter.

Bob fällt der Kochlöffel aus der Hand. Das geht zu weit. Ein Schneemann in seiner Kühlkammer, zwischen Fleisch und Würsten. Nein. Und wie der Kerl grinst!

Bob faßt den Schneemann um den Bauch und will ihn rauszerren.

„Darf ich bekannt machen – dies ist Kasimir Schneemann. Er wohnt hier."

Bob dreht sich um. Da steht Karli und macht vor Bob einen Bückling. Der lange Bob faucht: „Wieso steht der gerade in meiner Kühlkammer?"

„Weil Eskimos in Iglus, Schnecken in Schneckenhäusern und Schneemänner in der Kühlkammer wohnen", schmunzelt Karli.

„Aber nicht bei mir. Raus!" Und er gibt dem Schneemann einen Fußtritt.

„Sei nicht so grob zu ihm. Er ist ein Geschenk. Für Asina."

Bob kneift die Lippen zusammen, hebt seinen Kochlöffel auf und stößt sich gleich wieder den Kopf an der Decke.

Wütend schreit er: „Und wenn ihn der Kapitän entdeckt? In der Kühlkammer darf laut Gesundheitsgesetz nur Eßbares sein. Ich will keinen Ärger, gleich auf meiner ersten Reise. Verstehst du?"

„Ja. Aber du mußt auch mich verstehen." Karli verlegt sich jetzt aufs Bitten. „Sei nett, Bob. Ich hab es Asina versprochen. Sie hat doch noch nie den Schnee gesehen. Wir werden den Schneemann hier verstecken, und so wird er prima in Afrika ankommen. Das ist doch eine Sensation – ein Schneemann in Afrika. Das gab's noch nie."

Der lange Bob sieht Karli an und tippt sich an die Stirn. „Du bist ja verrückt, Mensch. Was soll denn ein Schneemann in Afrika? Er taut doch weg. Überleg doch mal."

„Das laß meine Sorge sein. Und daß er hier drin ist, bleibt unser Geheimnis."

Der lange Bob Birnbaum hat ein weiches Herz. Er geht um Kasimir Schneemann herum, schneidet eine lange Wurstkette mit etwa dreißig Würsten ab und hängt sie sich um den Hals.

„Aber wenn ihn jemand entdeckt, mach ich Speiseeis aus ihm", brummt er in seinen Bart. „Das sag ich dir."

„Aye-aye, Sir", strahlt Karli und schließt die Kühlkammertür.

4.

Schon viele Tage fährt die „Albatros“ in Richtung Afrika. Längst hat sie die Ostsee, die Nordsee und den Golf von Biskaya durchfahren.

Das Wasser ist der Alltag der Ober- und Untermatrosen geworden. Morgens Wasser, mittags Wasser, abends Wasser. Wassertage, Wassernächte.

„Ich kann schon kein Wasser mehr sehen“, jammert Bob, der seekrank ist vom Schiffsgeschaukel.

„Wenn du kein Wasser mehr sehen kannst, mußt du eben Schnaps trinken“, witzelt Karli.

So ein Schiff, das ist ein schwimmendes Haus, mit Fenstern, Türen, Treppen und einem Schornstein.

Man ist geschützt gegen Sonne und Regen. Aber man kann nicht einfach die Haustür aufmachen, um auf die Wiese zu gehen.

Tags halten die Matrosen Wache, rollen Taue, klopfen Rost und scheuern das Schiff.

Der lange Bob kocht Kartoffelsuppe oder bäckt Eierkuchen und übt dabei auf seiner Trompete. Karli plättet die Schiffsfahne, putzt die Schiffsglocke oder besucht Kasimir Schneemann in der Kühlkammer.

Der Schiffsjunge pinselt den Anker, die Maschinisten ölen die Maschinen, der Funker hört den Seewetterbericht, der Erste Offizier Sebastian berechnet die Wasserkilometer, der Kapitän schaut besorgt oder heiter, ganz so wie das Wetter ist, durch sein Fernrohr, und sein grüner Papagei Koko schreit ab und zu „Schweinedampfer“. Das ist kein feines, aber sein Lieblingswort.

Wenn dichter Nebel ist, bläkt das Nebelhorn die ganze Nacht. Das hört sich fast genauso schlimm an wie Bobs Trompetengebläke.

Und Kasimir Schneemann steht schneefrisch in seiner kalten Stube.

Der Himmel türmt Bilderbücher aus Wolken, und das Meer schaukelt sanft die Fische in der großen Wasserwiege.

Seltsam ist, daß das Meer jeden Tag anders aussieht, so daß es einem gar nicht langweilig wird, es zu betrachten. Man muß allerdings sehr genau sehen können. Vormittags ist es eine grüne, nachmittags eine blaue Wasserlandschaft. Mal ist die Wasseroberfläche glatt wie der Kaffee in der Tasse, mal türmen sich hohe Wellenberge, so daß das Schiff hoch-

und niedersaust wie auf einer Berg-und-Tal-Bahn.

Die Seeleute überstehen das gut, denn sie sind es ja gewöhnt. Nur der Kapitän und der lange Bob nicht. Seekrankheit ist eine schlimme Krankheit und färbt den Menschen graugrün.

Beim Kapitän merkt man es dann, wenn er im Schlafanzug auf der Kapitänsbrücke erscheint, mit graugrünem Gesicht unter der Kapitänsmütze. Aber am liebsten zeigt er sich an solchen Tagen gar nicht, denn es ist ihm peinlich vor der Mannschaft.

Für Bob, den Koch, ist es viel schwerer, denn er muß ja kochen. Frühstück, Mittag, Abendessen. Und die Seeleute sind meist sehr hungrig und essen für drei. Und wenn das Essen nicht pünktlich fertig ist, schlagen sie mit den Löffeln auf die leeren Teller.

Wenn Bob dann mit grünem Gesicht und schwankend erscheint, lachen sie ihn noch aus. Nur wenn er ganz schlimm seekrank ist, helfen ihm alle, die keinen Dienst haben. Vor allem Karli. An solchen Tagen gibt es dann nur Essen aus Büchsen, Gläsern und Tüten.

Wenn der Sturm vorbei ist und die See wieder ruhig, kocht Bob ein Festessen.

Dann sitzen sie abends alle noch lange an Deck, sehen zu, wie die Sonne rotgolden ins Meer rutscht, daß man glaubt, es müßte mächtig zischen, wenn sich Feuer und Wasser vermischen.

Nachts grüßen die Sterne das Schiff, Sternschnuppen fallen, und die Sternbilder am hohen Himmel leuchten wie auf einer dunklen Filmleinwand. Wer die Bildersprache der Sterne kennt, entdeckt den Großen Wagen und den Kleinen Bär und Löwen und die Andromeda.

Ein großes Schweigen ist über dem Wasser, und alle lauschen in die erhabene Stille, grüßen die Sterne und denken dabei an ihre Freundinnen und Frauen und Kinder daheim. Bob natürlich an seine Großmutter.

Und Karli denkt an Asina.

Manchmal begegnen sie einem anderen Schiff, da tuten sie sich fröhlich an, wie zwei Wanderer, die sich in der Wüste begegnen.

Hin und wieder kommt ein Riesenwal vorbeigeschwommen, dem Moos auf dem Rücken wächst. Und wenn er nicht mit dem Fischschwanz wedeln würde, könnte man denken, er sei eine kleine schwimmende Insel.

An manchen Tagen begegnen sie auch Delphinen, die in Scharen das Schiff umtanzen. Und wenn die Seeleute ihnen zuschauen, dann sprin-

gen sie so hoch, daß man glauben könnte, es seien riesige fliegende Fische.

Ja, den kleinen fliegenden Fischen begegnen sie auch, aber sehr selten.

Es wird jeden Tag wärmer, und die Matrosen wissen schon nicht mehr, was sie vor Hitze noch ausziehen können, obwohl es ja eigentlich Winter, nämlich noch Dezember ist.

Sie laufen den ganzen Tag in Badehosen herum. Wenn sie Langeweile haben, spielen sie Schafkopf oder machen Wettpinkeln ins Wasser. Und vom Brückendeck krächzt dann der Papagei Koko sein Lieblingswort „Schweinedampfer". Es ist das einzige, was er kann.

Bob hat sich nun allmählich an das Schiffsgeschaukel gewöhnt und brät in seiner Kombüse die Schnitzel oder Eierkuchen. Meist Eierkuchen, denn die ißt er am liebsten.

Wenn Bob Feierabend hat, übt er auf seiner Trompete. Und in die wunderschöne Tropennacht bei Casablanca fallen diese Trompetentöne wie Geschosse.

Alle an Bord halten sich dann die Ohren zu, denn Bobs Töne bohren sich in die Ohren. Zur Zeit übt Bob das Lied „Leise rieselt der Schnee..."

Der Kapitän meint, er werde Ohrenschützer an die Mannschaft verteilen müssen. Und die Seeleute drohen Bob an, sie werden ihn auf der nächsten einsamen Insel aussetzen, bis er das Trompetespielen gelernt hat. Auf der Heimfahrt würden sie ihn wieder abholen.

Aber Bob liebt die Musik und ist so besessen, daß ihn kein Hohn und Spott davon abbringen kann. Und der Kapitän meint, ein bißchen Kultur auf dem Schiff könne nicht schaden. Und irgendwann werde Bob ja auch vorwärts spielen lernen und nicht nur rückwärts.

Seit einiger Zeit hat Bob auf Schneemann Kasimir eine Wut. Jedesmal wenn er in die Kühlkammer kommt, stößt er sich den Kopf, dann rutscht er auf dem eisglatten Boden aus. Auch ist ihm der Schneemann fürchterlich im Wege, weil er so schwer an die Würste und das Fleisch herankommt.

Er schiebt Kasimir Schneemann von einer Ecke in die andere. Und weil er davon kalte Finger bekommt, gibt er Kasimir einen Fußtritt. Dabei rutscht er wieder aus, und nun ist seine Wut so groß, daß er Kasimir kräftig gegen das Schneebein tritt.

Und wie der Eiskerl grinst. So, als mache er sich lustig über ihn. Wie unschuldig er glotzt mit seinen Blumenaugen.

Und dann dieser Karli, dieser gottverdammte Spaßmacher. Nur Verrücktheiten im Kopf. Gestern hat er Bobs karierte Kochhose oben an den Fahnenmast gehängt. Gerade war der Kapitän in die Küche zu Bob gekommen, um mal nach dem Rechten zu sehen. Da stand Bob mit hoher Kochmütze und in Badehosen vor den Kochtöpfen, und das war gegen alle hygienischen Gesetze, das wußte er. Und die Hosenfahne flatterte währenddessen fröhlich am Fahnenmast.

Der Kapitän hatte in die Schränke geguckt und in den Kühlschrank. Gefragt hatte er auch, ob das Fleisch und die Wurst in der Kühlkammer reichen. Bob bebte das Herz vor Angst, ob der Kapitän womöglich auch in die Kühlkammer gehen würde.

Und dann war der strenge Blick des Kapitäns auf Bobs nackte Beine gefallen, und er hatte gefragt, ob er seine nassen Hosen immer hoch oben am Fahnenmast trocknen würde.

Die ganze Mannschaft hatte sich dann vor Lachen gebogen, als der lange Bob auf die Fahnenstange klettern wollte, um die Hose zu holen, anstatt nur an der richtigen Strippe zu ziehen, um sie herunterzuholen.

Neuerdings machten sich alle lustig über ihn. Auch der Schiffsjunge. Sie spotteten über sein Trompetenspiel, seine sächsische Sprache, seine Seekrankheit.

Sie können mich alle nicht leiden, denkt Bob traurig, während er zur Kühlkammer hinuntergeht, um Koteletts für das Mittagessen zu holen.

Wieder mal kein Rankommen an die Koteletts. Und dieser Schneemensch mit seinem grinsenden Schneegesicht. Dabei sieht er so übel gar nicht aus mit seinen Blumenaugen, irgendwie komisch.

Aber warum sitzt er ausgerechnet in meiner Kühlkammer? Soll er doch sonstwo sitzen, in einem Heringsfaß oder in Schneeland, bei den Pinguinen. Da gehört er schließlich hin. Und nicht zwischen Bockwürste und Schweinerücken.

Bob hebt das Messer, um die Koteletts abzuschneiden. Natürlich rutscht er wieder aus. Ein Glück, daß ich das Messer hochgehalten habe, sonst hätte ich meine eigene Brust durchbohrt, denkt Bob, denn er neigt sehr zum Tragischen. Ach, Oma, denkt er, liebe Oma, wenn du wüßtest... Die Gefahr auf See ist ja nicht, daß man ins Tiefe fährt, sondern was man dabei alles erlebt.

„Nu backt mich aber der Senf, du blöder Schneemensch“, schimpft er und geht, das Messer in der Hand, drohend auf Kasimir Schneemann zu.

Da passiert etwas sehr Seltsames: Kasimir Schneemann bewegt die blauen Blumenaugen. Fast unmerklich flattern sie, wie kleine Schmetterlingsflügel, und auch die Mohrrübennasenspitze senkt sich für einen Moment.

Bob wischt sich über die Augen. War das eben wirklich wahr? Wieder zwinkern die Blumenaugenwimpern.

Im nächsten Moment wird Bob vom großen Schreck gepackt, und schreiend läuft er die Treppe hinauf und ruft nach Karli.

Karli kommt angerannt und sieht Bobs entgeistertes Gesicht.

„Ist dir schon wieder schlecht?“ fragt er.

„Nein. Der – der hat die Augen bewegt. – So!“ Und Bob zwinkert mit den Augen so komisch, daß Karli schallend lachen muß.

„Wer hat so gemacht?“ Karli macht ebensolche Flatteraugen.

„Dein Schneemann-Mensch! Ja, vielleicht ist er wirklich ein Schneemensch. So was soll's doch geben, hab ich im ‚Sputnik‘ gelesen.“

„Mach dir nichts draus“, sagt Karli tröstend. „Das sind nur die ersten Anzeichen von Tropenkoller. Kenn ich.“ Und er wendet sich zum Gehen.

Da packt Bob Karli am Arm und zieht ihn mit zur Kühlkammer. Still und weiß steht Kasimir. Mit blauer Mütze, rotem Schal, umkränzt von Bockwürsten, lächelt er sein stilles Schneelächeln. Bewegungslos.

Bob und Karli schauen ihn lange Zeit an. Nichts rührt sich. Bob zwinkert Kasimir aufmunternd zu.

„Mensch, du spinnst“, sagt Karli und will gehen.

„Und ich sage dir, es ist etwas los mit ihm, etwas Ungeheuerliches“, flüstert Bob.

Karli tippt sich an die Stirn und geht.

Am Abend überkommt Bob die allergrößte Wut. Er geht in die Kühlkammer, nimmt Kasimir Schneemann um den Bauch, schleppt ihn nach draußen aufs Achterdeck und stellt ihn in eine dunkle Besenecke.

5.

Weit, weit, in Cocatuttibana wartet Asina.

Die Sonne scheint so heiß, als wollte sie das Welt-Ei ausbrüten.

Im Hafen von Cocatuttibana haben schon drei große Schiffe aus der Ferne angelegt.

Aber kein Schiff mit Karli. Warten tut weh.

Jeden Tag nach der letzten Schulstunde rennt Asina gleich zum Hafen. Und jeden Tag bittet sie den alten Hafenmeister Kamuk um das große Fernrohr.

Dann setzt sie sich mit dem Fernrohr auf die gestapelten Fischkisten und schaut hinaus aufs Meer.

Wasser, Wasser, Wasser, so weit Asina sehen kann.

Und das große Wasser ist so groß wie Asinas Warten.

„Wann kommt endlich das Schiff aus Rostock? Du mußt es doch wissen, Onkel Kamuk."

Der alte Kamuk wiegt seinen dicken grauen Kopf mit der blauen Mütze hin und her.

„Asina, Asina, wie kann man nur so ungeduldig sein?"

Bittend sieht ihn Asina mit großen traurigen Augen an.

„Kann sein, morgen, kann sein, in zehn Tagen. Ich weiß es nicht genau. Rostock ist so weit hinter den Meeren, und jetzt ist dort Winter, und es liegt Schnee", antwortet Kamuk geduldig.

Asina setzt das Fernrohr ab.

„Schnee? Was ist Schnee?“ fragt sie.

„Also, das ist so in Europa. Wenn es da regnet, und es ist kalt dazu, da schneit es eben. Schnee, das ist so ein weißes Pulver. Es fällt vom Himmel und bedeckt die ganze Erde mit einer weißen Schneedecke. Das soll sehr schön aussehen, sagt man. Geheimnisvoll. Ich habe es mal auf einem Foto gesehen. Aber wenn die Sonne scheint und es wärmer wird, da taut der Schnee weg und löst sich auf in Wasser.“

„Also könnte Karli mir nie so einen Schnee mitbringen?“ fragt Asina nachdenklich.

Der alte Kamuk nickt.

„Aber er wird mir etwas anderes Schönes mitbringen. Etwas, das es in ganz Afrika nicht gibt“, sagt Asina stolz. „Das hat er mir versprochen.“

„Jaja. Das erzählst du mir ja jeden Tag. Er wird schon sein Versprechen halten, dein Karli. Und jetzt laß mich arbeiten, Asina.“

Asina zieht nachdenklich die Stirn in Falten, wie ein Äffchen.

„Was kann es bloß sein? Denk doch mal nach, Onkel Kamuk. Du bist so alt und kennst doch das Leben.“

Kamuk kratzt sich den Kopf.

„Vielleicht ein Paar Pelzhandschuhe“, sagt er schmunzelnd.

Asina springt böse auf und blickt finster.

„Onkel Kamuk, du verspottest mich. Was soll ich denn hier mit Pelzhandschuhen?“ Sie schaut auf ihre kleinen braunen Hände mit den hellen Handflächen.

„Dann vielleicht eine Pelzmütze“, meint Kamuk.

Asina verzieht das Gesicht zum Weinen und zupft an ihren Zöpfen mit den roten Schleifen.

„Du bist so gemein, Onkel Kamuk.“ Ihre großen Augen füllen sich mit Tränen.

„Warte, Kind, jetzt weiß ich es. Sicher einen Regenschirm...“

Aber Asina ist schon davongelaufen, mit flinken Beinen wirbelt sie den Sand auf. Die 21 Zöpfe mit den Schleifen wippen beim Rennen hin und her.

„Einen Regenschirm hab ich schon. Das weißt du ganz genau“, ruft sie im Gehen.

Unten am Ufer setzt sie sich in den Sand. Mit dem Finger zeichnet sie die Linie nach, wo sich Wasser und Land berühren. Und dann malt sie ein Schiff in den Sand, mit großen Masten und einem riesigen Schornstein und darauf ein Strichmännchen, das soll Karli sein. Darunter schreibt sie seinen Namen in den Sand.

Asina läßt sich nach hinten fallen.

Warten tut so weh. Und die Erwachsenen haben nie Zeit. Dabei geht die Zeit unendlich langsam voran.

Sie schaut hinauf in die mächtige Krone des Affenbrotbaumes. In seinem grünen Gewölbe krächzen die weißen Reiher, als wollten sie sich wieder über Asina lustig machen.

Eine große Welle verlöscht das Schiff im Sand und auch Karlis Namen. Und der Wind trocknet Asinas Tränen.

6.

Heute ist Freitag, und es ist wieder hohe See. Riesige Wellenberge überschlagen sich, daß die Matrosen alles an Deck festzurren müssen.

Der Kapitän hat sich im Bett verkrochen und die Ohren mit Wachs verstopft.

Im Bauch der „Albatros" werden die Traktoren hin und her gerüttelt.

In Bobs Küche kullern Tassen und Teller und Töpfe durcheinander. Kohlköpfe rollen mit Kartoffeln und Tomaten um die Wette, die Milch schwappt in die Hühnerbrühe, und Bobs silberne Trompete, die über dem Herd hängt, fällt in den großen Teetopf.

Bob hat schon eine schlaflose Nacht hinter sich. Anbinden mußte er sich an seinem Bett, weil er dreimal herausgefallen ist.

Als Karli um sechs Uhr früh an die Tür klopfte und wieder einen seiner blöden Wecksprüche rief:

„Seemann, mach die Socken klar,
die Waschfrau von Labö ist da!"

war Bob mühsam aus dem Bett gekrochen, ja, gekrochen! Und als erstes fiel ihm der Globus auf den Kopf, danach ein großer Holzelefant.

Die Seekrankheit hatte wieder voll zugeschlagen. Grüngrau im Gesicht, mußte er auf dem Boden seiner Zahnbürste hinterherkriechen. Statt Zahnpasta hatte er dann aus Versehen Rasiercreme genommen, und bei der nächsten hohen Welle hat es ihn wieder aufs Bett geschleudert, wo er betäubt liegenblieb.

Alles bewegt sich wie auf einer Schaukel: hoch und runter, runter und hoch. Und man denkt, man steht auf dem Kopf.

Und dabei soll der Mensch nun kochen! Ich werde heute Eierkuchen backen. Die können nicht wie die Suppe aus dem Topf schwappen. Zumindest kann man sie besser wieder einfangen.

Bob hält sich mit der einen Hand an der Herdstange fest, mit der anderen Hand versucht er, die Eierkuchen zu wenden, indem er sie mit heftigem Schwung in die Luft schleudert. Das hat er in der Kochschule gut gelernt.

Der Eierkuchen fliegt sehr hoch, zu hoch, denn er bleibt an der Kombüsendecke kleben. Bob starrt erstaunt nach oben.

Da steckt Karli seinen Kopf zur Tür herein.

„Was denn, schon wieder Dackeldecken?" (So heißen in der Seemannssprache nämlich Eierkuchen.)

„Ja, ja", schreit Bob. „Weil ich an kein Fleisch und keine Wurst rankomme wegen deines Schei... Schneemanns."

Jetzt folgt Karli Bobs Blick nach oben. Und in diesem Moment fällt der Eierkuchen runter auf Bobs Kopf, daß er wie ein Schleier Stirn und Augen bedeckt.

Bob schreit auf, denn der Eierkuchen ist ja heiß.

„Ich kannte mal ein Schiff, das ist untergegangen, weil ein fliegender Eierkuchen die Bordwand durchschlug", stichelt Karli.

„Und ich kannte mal ein Schiff mit einem Schneemann, der ist weggelaufen", brubbelt Bob und reißt sich den Eierkuchen vom Gesicht.

„Was sagst du da?" schreit Karli und sieht Bob an.

Der nickt grimmig.

Karli rennt in die Kühlkammer, reißt die Tür auf. Der Schneemann ist weg! Nur die Wurstketten baumeln hin und her.

Karli rast wieder zu Bob in die Küche.

„Sag, wo er ist", schreit er wütend und hält Bob die Faust unter die Nase.

„Reg dich ab, ich hab ihn nur mal umgestellt, in die Besenecke auf'm Achterdeck. Damit er etwas kleiner wird und nicht soviel Platz einnimmt."

„Bist du wahnsinnig? Das verzeihe ich dir nie. Komm sofort mit."

Karli und Bob laufen zum Achterdeck.

Doch in der Besenecke steht kein Kasimir Schneemann. Nur ein kleiner nasser Fleck ist auf dem Boden. Und eine nasse Schleifspur führt nach vorn an die Reling. Karli und Bob folgen der Spur.

Sie glauben beide ihren Augen nicht zu trauen, aber es ist wahr: Dort vorn an der Reling steht Kasimir Schneemann. Er rutscht mit den Schaukelbewegungen des Schiffes hin und her. Seine Mütze sitzt schief, fast sieht es aus, als sei er betrunken.

Karli und Bob stehen wie angenagelt.

„Ich hab's doch gesagt, es ist was los mit ihm...", meint Bob düster.

„Und ich...", Karli kann nicht weitersprechen, denn soeben ist Kasimir Schneemann, als das Schiff in ein großes Wellental fuhr, über die Reling ins Wasser gefallen. Einfach rein in den Atlantik. Als sich Karli und Bob über die Reling beugen, sehen sie ihn unten schwimmen.

„Du Schuft", jammert Karli.

„Das wollte ich doch nicht", verteidigt sich Bob.

„Und Asina..."

„Wir müssen Bordalarm geben", schlägt Bob vor. „Mann über Bord..."

„Mensch, das dürfen wir doch nicht. Nicht für einen Schneemann. Der Alte spielt verrückt", sagt Karli düster.

Und sie sehen von oben, wie Kasimir langsam in den Wellen versinkt.

Im nächsten Moment packt Bob Birnbaum einen Schwimmring, und mit hochgebauschter Kochmütze und wehender Kochschürze stürzt er sich hinunter in das Atlantische Meer.

Karli rennt fassungslos zum Brückendeck. „Mann über Bord", schreit er laut, und noch einmal: „Mann über Bord", so daß aus allen Türen die Seeleute kommen. Dann heult auch schon die große Schiffssirene auf, und alle Matrosen beugen sich über die Reling und sehen tief unten im Wasser Bob, den Koch, und neben ihm ein schwimmendes Etwas.

In Sekunden ist ein Rettungsboot heruntergelassen. Im Boot sitzen Karli und der Erste Offizier Sebastian.

Die Wellen überschlagen sich, so daß sie mit dem Boot nur schwer an Bob herankommen. Der hält mit der einen Hand den Rettungsring, mit der anderen Kasimir Schneemann.

Wie aber staunen alle, als das Boot hochgezogen wird, und da ist ein Schneemann im Boot, einer mit rotem Schal und blauen Blumenaugen, die matt geschlossen sind. Ein Schneemann hier im Atlantik, wo sie doch bald am Äquator sind.

Karli und Sebastian tragen Kasimir Schneemann an Deck. Kasimir sieht etwas ramponiert aus, auch kleiner ist er geworden. Aber es ist noch alles dran an ihm. Hervorragend.

Die Mohrrübennase hängt zwar ein wenig schlapp nach unten, und Wassertropfen hängen daran, so, als hätte der Schneemann Schnupfen.

Auch in den Augen funkeln einige Wassertropfen.

Nachdem ihn alle Seemänner genügend bestaunt haben, fällt Sebastians strenger Blick auf Karli: „Du hast ihn also doch mitgenommen, gegen meinen Befehl."

Karli senkt den Kopf. „Na ja, er hatte in der Kühlkammer ganz gut Platz. Wenn nicht der da..." Sein böser Blick fällt auf den klitschnassen Bob, dessen Kochmütze jetzt wie eine schlaffe Zipfelmütze herunterbaumelt.

Bob verteidigt sich: „Aber an die Reling gelaufen ist er allein. Ich hab ihn nur in die Besenecke gestellt. Mit den Augen kann er auch zwinkern. So..." Und Bob macht es wieder vor, daß alle lachen.

„Fängst du schon wieder damit an?" meint Karli, tippt, zu Sebastian gewendet, den Finger an die Stirn. „Typischer Tropenkoller."

„Mit meinen eigenen zwei Ohren hab ich's gesehen", verteidigt sich Bob.

„Na los, dann tragen wir mal dein Geschenk wieder dahin, wo es hingehört", sagt Sebastian zu Karli.

Bob trottet tropfnaß und schuldbewußt hinterher.

„Es tut mir leid, Karli."

„Schon gut, Alter. Du bist ja tapfer hinterhergesprungen."

Sie messen Kasimir mit dem Kühlschrankthermometer die Temperatur.

Karli wringt den nassen Schal aus und setzt ihm die Mütze weiter nach hinten, denn Kasis Schneekopf ist ein wenig kleiner geworden. Aber nur ein wenig.

Zuallerletzt gießt Karli dem Schneemann einen kräftigen Schluck Kühlflüssigkeit in den Hals. Aus der Flasche, auf der FREON steht.

Da richtet sich Kasimir Schneemanns Mohrrübennase wieder prächtig auf, und man hört ein zufriedenes Schniefen.

„Was schniefst du so?" fragt Karli Bob. „Hast dich wohl erkältet?"

„Ich habe nicht geschnieft. Ich dachte, du bist das", entgegnet Bob.

Beide sehen jetzt Sebastian, den Ersten Offizier, an.

„Wieso sollte ich schniefen?“ antwortet der.

Karli gießt dem Schneemann noch einen Schluck Kühlsaft in den Hals.

Da schnieft es wieder. Diesmal ganz laut.

Geschnieft hat Kasimir Schneemann. Und dieses Schniefen klingt äußerst zufrieden.

Karli sieht Bob an, und sein Blick sagt soviel wie: Du hast recht gehabt. Jetzt glaube ich auch, es ist etwas los mit ihm.

Am Abend schreibt der Erste Offizier Sebastian ins Bordbuch ein:

Haben Schneemann aus dem Atlantischen Meer gerettet. Beim Übergießen mit Kühlsaft begann er auf seltsame Weise zu schniefen.

7.

Wieder vergehen viele Wassertage und Wassernächte.

Morgens Wasser, mittags Wasser, abends Wasser. Viele, viele Tage fährt die „Albatros“ schon die afrikanische Küste entlang, vorbei an den Kapverdischen Inseln und der Elfenbeinküste. Nach Cocatuttibana ist es noch weit. Aber bald erreichen sie den Äquator.

Und dann steht Weihnachten vor der Tür, das haben die Matrosen fast alle vergessen. Ja, wirklich. Eines schönen heißen Tages ist Weihnachten.

Die Sonne brennt so heiß in der Mittagsstunde, daß man ein Flimmern vor den Augen hat und Lichtgespenster sieht.

Wie geschmolzener Honig hängt sie da am Himmel, und die Matrosen laufen nur in Badehosen herum.

Und wenn der lange Bob nicht seit Tagen immerzu das Lied „Sti-hille Nacht, ha-heilige Nacht“ spielen würde, hätten sie es wirklich vergessen.

Auch der Kapitän schwitzt bei der Affenhitze und trägt neuerdings unten auch Badehosen und oben Uniformjacke und Kapitänsmütze.

So ulkig, wie er aussieht, ist er zwar laut Bordgesetz keine richtige Respektsperson. Aber was macht das schon.

Wie gut, daß es eine Kühlkammer gibt! Denn wenn es Karli oder Bob zu heiß ist, dann treffen sie sich unten bei Kasimir Schneemann und kühlen sich ab.

Und sie freuen sich an seinem schneefrischen Aussehen, denn er hat wieder sein strahlendes Schneemannsgesicht.

Freilich, etwas unheimlich ist er ihnen, weil er doch manchmal schnieft oder mit den Augen flattert. Aber daran haben sie sich schon gewöhnt.

„Hast du schon den Weihnachtsbaum für die Feier heute abend geputzt?“ fragt Karli den langen Bob, als sie sich in der Kühlkammer treffen.

„Weihnachtsbaum? Wieso denn ich?“ stutzt Bob.

„Mensch, du ahnungsloser Waschschüsselmatrose. Den Weihnachtsbaum muß der Koch bei der Abfahrt des Schiffes in der Kühllast mitnehmen“, belehrt ihn Karli.

„Das wußte ich nicht. Aber wir haben ja den da.“ Er zeigt auf Kasimir. „Den können wir ja statt Weihnachtsbaum ...“

Aber Karli protestiert. „Kommt nicht in Frage. Denkst du, ich will ihn Asina so klein wie einen Gartenzwerg übergeben? Nein. Nein. Wir werden einen Weihnachtsbaum bauen. Ich helfe dir. Komm.“

In der Küche sägt Karli den Besen ab und bohrt in den Besenstiel rundherum kleine Löcher. Dort steckt er Holzleisten und Stöcke hinein und bestreicht das Ganze mit grüner Farbe.

„Hab ich von meinem Seemannsgroßvater gelernt.“ Karli behängt das Holzgerippe mit roten Äpfeln und Nüssen. Aus Silberfolie schneidet Bob Lametta, und Karli legt auf die Zweige noch weiße Watte.

Als die Kerzenhalter mit Kerzen an den Zweigen befestigt sind, sieht das einem Weihnachtsbaum schon sehr ähnlich.

An Bord bereiten sich die Seeleute auf den Weihnachtsabend vor; machen sauber, decken die Festtafel, packen Weihnachtspäckchen.

Und während sie allmählich in eine anheimelnde Vorfreude geraten und Bobs „Stille Nacht“ (er muß noch etwas üben für den Abend) übers große Wasser klingt, ist es Zeit, sich ein wenig Kasimir Schneemann zu widmen.

Wie er da so steht, schneefrisch und fröhlich, scheint es, als ob Schneemänner wirklich lächeln können.

Schatschie-scha-schatschie.

Kasimir Schneemann hebt die Flasche mit dem Kühlsaft und trinkt. Der kalte weiße Saft rinnt in seinen Schneemund, und sogleich hebt sich die Spitze seiner Mohrrübennase ein wenig an.

Schschschschöhön – so schnieft es zufrieden.

Und sein Schneegesicht färbt sich leicht rosa, und einige Tropfen Kühlsaft bleiben in seinen Mundwinkeln hängen und gefrieren.

So ist das. So ist das wirklich.

Denn es gibt eben dieses Geheimnis: Schneemänner, die an den Äquator kommen, werden lebendig.

Kasimir Schneemann ist ein Schneemann mit Seele. Zwar liegt seine Körpertemperatur bei minus zehn Grad, aber er hat ein warmes Herz.

Als am Abend um sechs Uhr die große Schiffsglocke läutet, ist allen ein wenig feierlich zumute. Die Seeleute (die meisten in Badehosen) versammeln sich auf dem Oberdeck. Dort ist die große Festtafel unter freiem Himmel aufgebaut. Auch der Papagei Koko kommt angeflattert.

Karli zündet die Kerzen des grüngestrichenen Weihnachtsbaumes an, und Bob bläst zur Eröffnung sein Lied „Stihille Nahacht..." Und als Zugabe „Leise rieselt der Schnee..." Dabei wird allen rührig ums Herz, denn sie denken an Rostock und den Schnee und vor allem an die Freundinnen, Frauen und Kinder daheim unterm Weihnachtsbaum.

Aus einem großen Sack werden die Geschenke verteilt, die die Freundinnen, Frauen und Kinder der Seeleute bei der Abfahrt dem Kapitän mitgegeben haben. Und auch die Grußkonserven.

Grußkonserven heißen in der Seemannssprache die Glückwünsche auf Tonband gesprochen, die die Freundinnen, Frauen und Kinder der Seeleute für diesen Weihnachtsabend mitgegeben haben.

Da grüßt die Kapitänsfrau den Kapitän und kommt auf den Pfefferminztee zurück; Sebastians drei kleine Töchter grüßen mit piepsiger Stimme den Papi, singen ihm ein Weihnachtslied und erinnern wieder an den Affen, den sie sich wünschen.

Und der lange Bob muß sich von seiner Oma wieder den guten Rat anhören, nicht so ins Tiefe zu fahren und sich warm anzuziehen! Drum hat sie ihm auch eine dicke Wollmütze und Schafwollsocken gestrickt.

Alle Seeleute packen ihre Weihnachtspäckchen aus. Schlafanzüge, Socken, Zigarren, Pantoffeln, Rasierapparate und Pelzhandschuhe türmen sich zu Bergen.

Dann hält der Kapitän eine Rede, und alle trinken auf die lieben Freundinnen, Frauen und Kinder daheim, denn das Heimweh, das am Weihnachtsabend besonders stark ist, muß heruntergespült werden.

Und weil sie zusammen viele Freundinnen und Frauen und Kinder haben, auf deren Gesundheit sie trinken müssen, trinken sie viele, viele Gläser.

Und der Papagei Koko, der sich oben auf den Weihnachtsbaum gesetzt hat, schreit wieder mal sein „Schweinedampfer“, was in diesem Moment besonders unpassend ist.

Karli denkt an Asina und daran, was sie bald für große Augen machen wird.

Sebastian spielt auf seiner Gitarre ein Lied, das erzählt von Seeleuten, die auf den Schneckeninseln gestrandet sind. Dort haben sie gefischt und einen Amboß-Hai gefangen, der wog drei Zentner. Und was im Bauch des Amboß-Haies war, erzählt das Lied. Ein Tandem war drin, drei Ölsardinenbüchsen, eine Klobrille, ein Glas saure Gurken, ein Goldzahn, eine Brille, ein Hammer und ein Kochbuch. Ja, das war im Bauch des Amboß-Hai, ja, das war im Bauch des Amboß-Hai. Ey, ey, ey.

Danach kann es keiner verhindern, daß Bob wieder nach seiner Trompete greift. „Oh, Himmel, strahlender Azur, enormer Wind die Segel bläht...“ Das ist sein Lieblingslied, und er bläst es mit solcher Inbrunst, daß man meint, die Sterne erzittern.

Längst ist es dunkel geworden, am strahlenden Azur blinken die Sterne, und ihr Widerschein spiegelt sich im Meer. Stille tritt ein.

Und es ist plötzlich so still, als sollte etwas ganz Besonderes passieren.

Läutet da die Schiffsglocke? Vielleicht hat sie der Wind bewegt.

Schascha-schatschiiii...

Alle sehen zur Schiffstreppe. Dort steht jemand, der niest und hebt dabei lächelnd die Hand zum Gruß.

Ein Matrose ruft: „Mensch, Meier, ein Schneemensch."

Ein anderer, der vom vielen Rum schon ein bißchen schielt, meint: „Feines Faschingskostüm. Ich geh auch mal als Schneemann. Hick."

Der Kapitän springt auf. „Ein blinder Passagier!"

Karli und Bob sehen sich besorgt an.

Da kommt Kasimir Schneemann näher. Er geht nicht eigentlich, er rutscht vorwärts, weil ja seine Beine ziemlich kurz sind.

„Schoscha-wischi-baschi", flüstert er mit heiserer Stimme und neigt auf höfliche Weise den Kopf.

„Mensch, das ist ja Schneesprache", ruft der Bootsmann. „Ich hab sie am Südpol gelernt. Schoscha-wischi-baschi heißt ‚Guten Tag'."

„Nein, es ist die nordpolische Schneesprache und nicht die südpolische. Schoscha-wischi-baschi heißt ‚Ich grüße euch, meine Freunde'", widerspricht der Funker.

Die, die noch stehen können, stehen jetzt auf und umringen Kasimir Schneemann. Karli stellt ihn vor, und Kasimir reicht allen seine Schneehand. Das ist an diesem heißen Abend eine prima Erfrischung.

Auch der Kapitän begrüßt Kasimir und reicht ihm ein Glas Rum zur Begrüßung, mit sehr viel Eis. Das schmeckt Kasimir so gut wie Kühlflüssigkeit, denn wieder färben sich seine Wangen rosa.

„Scho-schto-rowije", sagt Kasimir und hebt das Glas. Scho-schto-rowije heißt in der Schneesprache soviel wie: Auf die Gesundheit!

Kasimir bekommt einen Ehrenplatz neben dem Kapitän.

Mit dem Bootsmann und dem Funker unterhält er sich fließend in Schneeisch. Und sie streiten sich noch immer, ob es die Südpol- oder die Nordpol-Schneesprache ist.

Aber die deutsche Sprache spricht Kasimir auch perfekt. Denn Schneemänner, so sagt Kasimir, sprechen alle Sprachen der Welt. Nur heiser spricht er, als wäre er erkältet.

„Kannst du auch Afrikanisch?“ fragt Karli.

„Schascha“, antwortet Kasimir und nickt.

Da zeigt Karli das Foto von Asina. Asina in Cocatuttibana, mit den großen braunen Malzbonbon-Augen, den weißen Perlmuschel-Zähnen und den 21 Zöpfen.

Das Foto geht reihum, und jetzt begreifen alle den Zusammenhang und freuen sich über die Überraschung und daß sie ein so schönes Geschenk an Bord haben für dieses kleine hübsche Mädchen in Afrika.

Auch Kasimir Schneemann betrachtet Asinas Foto.

Wie schön sie ist. Samtbraune Haut. Er zwinkert mit seinen Blumenaugen und nimmt das Foto noch dichter heran. (Wahrscheinlich ist er etwas kurzsichtig.)

Einige Seeleute sind schon schlafend unter den Tisch gerutscht. Und wie Karli, Bob und Kasimir Schneemann an diesem seltsamen Abend ins Bett gekommen sind, weiß ich nicht. Kasimirs Stuhlkissen soll ganz naß gewesen sein.

Ihr seht also, es ist die reinste Wahrheit, wenn es heißt, daß Schneemänner, die an den Äquator kommen, lebendig werden. Und wer es nicht glaubt, der kann es ja, bitte schön, mal ausprobieren.

8.

Am anderen Morgen, früh um sechs (Oh, wie tut beim Erwachen der Kopf weh!), ruft Karli durch die Gänge:

„Du ju slieping werri well
in jor klapprig Bettgestell.“

Das ist das sogenannte Pig-Englisch, was soviel wie Schweine-Englisch heißt, und das verstehen die Seeleute auf der ganzen Welt.

Karli klopft heftig an alle Zimmertüren.

Auch Kasimir Schneemann weckt er in der Tiefkühlstube. Kasimir hat noch fest geschlafen und reißt erschrocken die Blumenaugen auf.

„Was möchtest du zum Frühstück essen? Speck mit Spiegelei?“

„Himbeereis wäre mir angenehm. Oder Zitroneneis.“

Und weil Karli das schon geahnt hat, zaubert er hinter seinem Rükken einen Becher Himbeereis hervor. Denn Schneemänner essen nur Eis, aber das kann sich jedes kluge Kind denken. Würden sie zum Beispiel heißen Tee trinken oder heiße Suppe essen, bekäme ihnen das nicht so gut.

Karli und Kasimir haben sich angefreundet. Karli muß Kasimir von Afrika erzählen, von der Hafenbucht in Cocatuttibana, den Palmen, den Affen und Apfelsinen, dem heißen gelben Sand und der Sonne. Wenn Karli von der Sonne erzählt, wird Kasimir Schneemann ganz unruhig. Er wischt sich dann mit der Schneehand über die Schneestirn, so als würde ihm der Schweiß ausbrechen.

Und Kasimir erzählt Karli von Schneeland, wo die Schneemühlen stehen und die Eskimos in runden Schneehäusern wohnen. Von seinen Freunden erzählt er, den Eskimokindern und den Pinguinen, den Rentieren und den Schlitten mit Glöckchen. Und er erzählt, daß die Babys in Schneeland Pelzwindeln tragen, wegen der Eiskälte.

Wenn Kasi von Schneeland erzählt, leuchten seine Augen.

Eines Abends sagt Kasimir zu Karli, daß er sich aber sehr auf Afrika freut, weil er dann ja frei sei und nicht mehr eingesperrt in dieser Kühlkammer.

Das kann Karli gut verstehen, obwohl er selbst nicht auf den Gedanken gekommen wäre, daß sich Kasimir Schneemann eingesperrt fühlt.

Von Kasimir lernt Karli einige Worte in der Schneesprache. Wenn es euch interessiert, schreibe ich sie hier auf, falls ihr mal zum Nordpol oder zum Südpol kommen solltet.

„Schoscha-moscha" heißt „guten Morgen". „Schoscha-wascha" heißt „guten Tag". „Schoscha-aschana" heißt „gute Nacht". „Scha-schu-schi" heißt „danke" und „Schala-lawi" bedeutet „noch einmal". „Liebe" heißt in der Schneesprache, wenn ich mich noch recht erinnere, „Amo-schawi" und wird immer groß geschrieben.

Schala-lawi sagt Kasimir oft, denn er kann nicht genug von Asina erzählt bekommen: daß sie am Stadtrand in einem kleinen Haus in der Löwenstraße wohnt mit ihren drei kleinen Brüdern; daß Asina ein Äffchen hat, welches Bingo heißt; daß der Vater Fischer ist und ihre Mutter die Postbotin von Cocatuttibana.

„Wann sind wir endlich bei Asina in Cocatuttibana?" fragt Kasimir, während er ein Himbeereis leckt. Dabei weiß er ganz genau, daß es noch etwa sieben Tage sind.

„Asina – das klingt wie Apfelsine", flüstert Kasimir mit erkälteter Stimme, und seine Wangen färben sich dabei rosa, als hätte er Rum oder Kühlsaft getrunken.

Und um ganz ehrlich zu sein, Kasimir Schneemann hat es oft getan.

Fast jeden Abend, wenn er sich einsam fühlte und die vereisten Wände der Kühlkammer anstarrte, hat er nach der blauen Flasche mit der Aufschrift FREON gegriffen.

Wohlig hatte er dann geschnieft, wenn der kalte Kühlsaft in seinen Schneebauch rieselte. Und gleich hatte er sich viel wohler und auch fester gefühlt.

Aber die Flasche war längst leer. Doch da Kasimir ein pfiffiger Schneemann ist, so hatte er den Schlauch entdeckt, der zum Kühlaggregat führt, und von da zu einem kleinen Tank, der ebenfalls mit Freon gefüllt war.

Am Schlauch ist ein kleiner Zapfhahn, den öffnet Kasimir. Und dann hält er sich den Schlauch in den Mund, und die süße Kälte rieselt ihm in den Mund bis in die Schneefüße.

Manchmal kann er gar nicht genug bekommen. Dann singt er wilde Lieder und schläft danach im Stehen ein.

Einmal war er sogar so voll, daß er umgefallen ist. Lag da, und über ihm drehten sich vor seinen Augen die Bockwurstketten.

So hatte ihn Karli gefunden. Karli nahm aber an, daß Kasimir Schneemann das Stehen auf die Dauer schwerfiel, was ja zu verstehen ist, denn wer steht schon gerne Tag und Nacht.

Deshalb hat er Kasi einen alten bequemen Korbsessel in die Kühlstube gebracht. Und Kasimir war darüber sehr glücklich und sitzt seitdem ganz bequem in diesem Korbstuhl.

9.

Heute nachmittag soll die Äquatortaufe sein.

Die meisten Seeleute freuen sich darauf, einige, die den Äquator zum ersten Mal befahren, haben Angst.

Doch nun noch schnell etwas zum Äquator. Die Erde ist, wie ihr wißt, eine große Kugel. Die dickste Stelle der Erdkugel liegt in der Mitte. Und dort herum führt die Äquatorlinie. Die Äquatorlinie ist so etwas wie die Taille der Erde. Sie ist aber keine Wasserstraße und auch nicht eine Schnur oder ein Gürtel, der um den Bauch der Erde geschlungen ist. Auch ist der Äquator kein eisernes Band, das die zwei Hälften der Erdkugel zusammenhält, wie manche vielleicht annehmen.

Nein. Der Äquator ist nur eine gedachte, unsichtbare Linie. Aber man behält sie in Erinnerung, weil es dort am allerheißesten ist. Am besten, ihr seht euch den Äquator auf dem Globus an.

Wenn also ein Schiff mit seiner Besatzung diese gedachte Linie überfährt, dann müssen alle, die noch nie am Äquator waren, getauft werden. So ist der alte Seemannsbrauch. Und dieses Taufen ist keine angenehme Sache.

Die Äquatortaufe findet auf dem Vorderdeck statt, dort, wo auch das Schwimmbassin ist.

König Neptun, die Seemannsbraut, Dr. Skalp, der Pastor, der Friseur und die Trabanten sitzen in bunten Kostümen auf einer Tribüne.

Die Täuflinge werden vorgeführt.

Einer davon ist der lange Bob Birnbaum. Und der kommt gleich als erster dran. Zuerst wird ihm der Kopf mit Maschinenöl gewaschen und das Gesicht mit Mehlkleister fürs Rasieren eingeschmiert. Das besorgt der Friseur.

Danach bekommt der Täufling von Dr. Skalp die „Medizin". Diese besteht aus einem ekligen Brei aus Seife, Zucker, Essig, Bino, Öl, Salz und Senf. Zwei Trabanten halten Bob gewaltsam den Mund auf, und Doktor Skalp gießt ihm diese Schneckenschmiere in den Hals.

Pfui Teufel! Bob ist schon grün im Gesicht.

Dann wird er vom Pastor in den Taufsack gestoßen. Von vorn und hinten spritzen die Trabanten ihn mit großen Wasserschläuchen und stoßen ihn anschließend ins Wasserfaß. Dreimal wird er untergetaucht. Dann darf er heraussteigen.

Bob setzt sich erschöpft auf die Planken.

Man reicht ihm ein großes Fernrohr. Vor das Glas ist ein dicker schwarzer Wollfaden geklebt. Das soll der gedachte Äquator sein.

Bob schaut hindurch, aber dann sieht er gar nichts mehr, sondern verdreht die Augen und fällt um.

Der Pastor legt ihm den Taufschein auf die Brust und spricht:

„Von nun an heißt du ‚Ohrenqualle',
und hier ist deine Tiefseeschnalle."

Neptun, König des Meeres, der eigentlich der Kapitän ist und einen Bart umgehängt hat, trägt eine goldene Krone auf dem Kopf und eine große Gabel mit drei Zinken in der Hand. Er heftet dem liegenden Bob den Tiefseeorden an die Brust.

Dann ist der nächste Täufling dran.

Ihr seht, so eine Äquatortaufe ist wirklich nicht angenehm. Und so mancher wird aus diesem Grund nicht zum Äquator fahren wollen. Und wer es doch tun will, richtet sich besser vorher darauf ein.

Diesmal sind es auf der „Albatros" nur drei Täuflinge. Sie liegen schon alle drei getauft und demzufolge erschöpft am Schwimmbassin.

Suchend sieht Neptun in die Runde. Nein. Kein weiterer Täufling.

„Wir haben einen vergessen", sagt da laut Kapitän Neptun. „Kasimir Schneemann."

„Nein, das könnte ihm schaden", wehrt Karli ab.

„Holt ihn sofort her, wir werden ihn schonend taufen", sagt Kapitän Neptun.

Ein Befehl ist ein Befehl, das weiß Karli, und er folgt den Trabanten in die Kühlkammer.

Als sie die eiserne Kühlkammertür öffnen, steht Kasimir nicht da. Er sitzt auch nicht in seinem Korbsessel. Nein, er liegt flach auf der Erde. Die Blumenaugen hat er geschlossen. Schlapp liegt die Mohrrübennase auf, und um ihn herum ist das Eis getaut und bildet Wasserpfützen.

Ein liegender Schneemann sieht sehr traurig aus. Karli beugt sich über ihn. Matt atmet Kasimir.

Warum ist es so warm in der Kühlkammer? Karli schaut aufs Thermometer. Verdammt. Zwei Grad plus. Das haut den stärksten Schneemann um.

Als Karli den Zapfhahn zum Kühltank öffnet, rinnen nur noch einige Tropfen Kühlsaft heraus.

Karli rennt wie verrückt den Niedergang rauf. Dort ist die Tauffeier in vollem Gange. Karli schreit: „Seid doch mal still. Der Schneemann, er taut. Der Kühlsaft ist alle."

Bob, der den letzten Satz gehört hat, murmelt: „Kann ja gar nicht sein. Da sind ja fünf Liter drin."

Der Kapitän, Karli, Bob, Sebastian und der Bootsmann laufen zur Kühlkammer.

Da liegt Kasimir Schneemann, und die Pfütze ist ein wenig größer geworden. Und Bob schüttelt den Zapfhahn hin und her, aber kein Tröpfchen Kühlsaft kommt. Leer der Tank.

Da stimmt was nicht, denkt Bob und jammert laut: „Das ganze Fleisch taut, und die Wurst wird schlecht."

„Kannst du an nichts anderes als dein blödes Essen denken", flucht Karli und sieht Bob böse an.

Doch der Kapitän ist schon nach oben in den Funkraum gelaufen und läßt den Funker einen SOS-Funkspruch funken:

„Schneemann in Not. Brauchen dringend Kühlflüssigkeit. ‚Albatros'."

Der Funkspruch wird von einem finnischen Dampfer aufgefangen. Der finnische Funker bringt den Funkspruch seinem Kapitän. Und der Kapitän, der ein weltbefahrener junger Mann ist, meint, das sei bestimmt eine verschlüsselte Nachricht. Das soll sicher heißen: Seemann in Not, brauchen dringend Rum. Denn seit wann trinken Seemänner Kühlflüssigkeit?

. Also nimmt er Kurs auf die „Albatros", und als sie diese endlich sichten, schickt er ein Rettungsboot aus mit drei Seeleuten und einem kleinen-Faß Rum und steigt in letzter Minute selbst mit ein.

Freudig werden sie von der Mannschaft der „Albatros" empfangen. Als die Finnen das Fäßchen Rum überreichen, macht sich Enttäuschung breit. Nein. Kein Rum. Kühlflüssigkeit brauchen sie. Der Schneemann taut sonst weg. Wieso Schneemann, fragen die Finnen.

„Wie soll denn ein Schneemann hier an den Äquator kommen?" fragt der weltbefahrene junge Kapitän.

„Natürlich in einer Kühlkammer", antwortet der Kapitän der „Albatros". Aber da er ja noch von der Äquatortaufe als König des Meeres verkleidet ist, sieht ihn der junge finnische Kapitän sehr befremdet an und ärgert sich, daß er hier offensichtlich einem üblen Scherz zum Opfer gefallen ist.

Und natürlich muß gerade jetzt der Papagei Koko sein „Schweinedampfer" plärren.

„Wir hatten soeben Äquatortaufe", entschuldigt der Kapitän der „Albatros" sein merkwürdiges Aussehen. „Aber jetzt ist der Kühlsaft alle..."

In der Kühlkammer klärt sich dann alles auf.

Und der weltbefahrene junge Kapitän sagt zu seinen Seeleuten: „Es gibt eben doch Dinge auf der Welt, die wir in keiner Seemannsschule lernen."

Während nun die Finnen wie im Zeitraffertempo zurückfahren, um Kühlsaft zu holen, versuchen alle auf seltsame Weise Kasimir kalte Gedanken zu machen. Einer bringt einen Ventilator und hält ihn Kasi vor die Nase. Bob und Karli legen Kasimir Eiswürfel auf Stirn und Bauch.

Bob jammert um seine Wurst und brubbelt zu Karli: „Ich hab dir ja gleich gesagt: Es ist heller Wahnsinn, einen Schneemann mit nach Afrika schleppen zu wollen.“

Kasimir seufzt tief. Da hält Karli ihm das Foto von Asina dicht vors Gesicht.

Aber schon sind die finnischen Seeleute wieder da, diesmal sind es einige mehr, denn alle wollen diesen Schneemann sehen. Sie glauben es einfach nicht. Der Kühltank ist wieder voll, und gleich wird es eiskalt in der Kühlkammer.

Karli schüttet Kasimir Kühlsaft in den Hals, daß der sich kurz schüttelt und vor Kälte gleich wieder schneefrisch erstarrt. Sie stellen ihn aufrecht hin.

Schon richtet sich sein Kopf auf, die Möhrennase hebt sich sachte und gibt ihm wieder sein verwegenes Aussehen, die Blumenaugen flattern, und ein tiefer Seufzer kommt aus seinem Schneemund, ehe er heftig zu niesen beginnt.

„Gesundheit“, sagt der Kapitän.

Und Kasi antwortet mit einem höflichen „Scha-schu-schi", was, wie ihr ja schon wißt, „danke" heißt.

„Würde ich es nicht mit meinen eigenen Augen sehen, hielte ich das glatt für Seemannslatein" (das heißt soviel wie Spinnerei), sagt der finnische Kapitän zum Kapitän der „Albatros".

Zum Abschied machen sie noch ein Erinnerungsfoto und trinken gemeinsam das Fäßchen Rum aus, damit sie es nicht zurückschleppen müssen.

So endet die Äquatortaufe auf der „Albatros".

Und Kasimir ist, wie ihr euch denken könnt, wieder ein kleines Stück kleiner geworden.

Karli konnte sich natürlich jetzt zusammenreimen, warum der Kühlsaft alle geworden war. Kasimir hat es auch gleich zugegeben. Und dabei haben sich seine Schneewangen rot gefärbt, weil er sich schämte.

Karli hat Kasimir eine große Strafpredigt gehalten und ihm klargemacht, wenn er wieder den ganzen Kühlsaft austrinken würde, käme er niemals bei Asina in Afrika an.

Und das leuchtete Kasimir Schneemann ein. Deshalb hält er sich brav zurück.

10.

In Cocatuttibana ist wieder Sonntag. Man erkennt es an Asinas weißen Schleifen.

Und weil Sonntag ist, reibt sich Asina Gesicht und Arme mit Kokosöl ein und zieht ihr schönstes Kleid an, das rotglänzende mit den bunten Blumen auf der Brust. Um den Hals legt sie sich eine Muschelkette.

„Ob Karli heute kommt?" fragt sie die Mutter, die ihr die Zöpfchen neu flicht. Die Mutter lächelt nur. Aber der Vater am Frühstückstisch seufzt: „Asina, du gehst uns ganz schön auf die Nerven mit deinem Karli. Hab doch Geduld. Er wird schon kommen."

Asinas drei kleine Brüder, Boko, Kwasi und Sambo, stecken kichernd ihre schwarzgelockten Köpfe zusammen und sind sich einig, daß Asina sehr verliebt ist in diesen Matrosen mit der Haut wie weißer Maispuder.

Was sie noch flüstern, kann sich Asina denken, aber sie will es gar nicht wissen und zeigt den Brüdern eine lange Zunge. Ihre Augen blitzen ärgerlich. Sie schiebt die gebratene Banane beiseite und steht vom Tisch auf.

Wer wartet, der hat meist gar keinen Hunger.

Der kleine Kapuzineraffe Bingo springt wie ein Hündchen hinter Asina her. Kapuzineraffe heißt Bingo deshalb, weil sein Fell an Kopf und Hals weiß ist, und das sieht aus, als trüge er eine Kapuze. Asina nimmt Bingo auf den Arm und schlendert mit ihm hinunter zum Strand. Es ist Sonntag, und alle Leute haben Zeit. Die Frauen in bunten Kleidern, einige haben kleine Kinder auf dem Arm, sitzen am Marktplatz und tauschen die Neuigkeiten der Stadt aus: daß sich der Bürgermeister noch eine zweite Frau angeschafft hat, eine ganz junge, obwohl er nach dem Gesetz nur eine Frau haben darf; daß die Fischpreise gesunken sind; daß in der Hauptstadt ein Volkspalast eröffnet wurde, mit einer Bühne, die sich drehen kann.

Asina bleibt stehen und hört ein wenig zu, aber das alles interessiert sie überhaupt nicht.

Im Schatten liegen die großen dicken Lastelefanten und halten ihre Sonntagsruhe.

Unten am Hafen haben sich die Männer versammelt. Sie sitzen auf Fischkisten und rauchen ihre Pfeifen oder Sonntagszigarren. Eine Flasche mit Palmwein geht von Hand zu Hand. Dabei tauschen sie die Fußballergebnisse aus und wettern, daß die Fußballmannschaft von Cocatuttibana wieder verloren hat.

Die meisten Fischer aber schimpfen, daß die privaten Fischhändler die gefangenen Fische so gering bezahlen, daß man kaum davon leben kann. Streiken müßte man, meint ein alter grauhaariger Fischer mit rotem Hut. Die anderen nicken, aber es scheint, daß sie sich nicht alle einig sind.

Die jungen Männer sitzen abseits im Sand um den Schlangenbeschwörer Mutala herum. Der läßt nach der Bambusflöte seine drei Brillenschlangen tanzen. Aber das sieht nur gefährlich aus. Asina weiß, daß die drei Schlangen von Mutala schon sehr alt und dick sind und gar keine Giftzähne mehr haben.

Unten in der Hafenbucht schaukeln die kleinen Boote mit den roten Lateinsegeln. Dort ist auch Musik auf dem Wasser. Die kommt aus dem großen Schiff, das „Pinguin" heißt. Dieses Schiff kam aus dem Eismeer und fährt auch dorthin zurück. Das weiß Asina von Onkel Kamuk.

Aber ein anderes Schiff ist nicht zu sehen. Auch Onkel Kamuk kann Asina nicht unter den Männern finden.

Asina schlendert weiter zum Strand und taucht die Füße ins Wasser, daß die kleinen Wellen ihre Fußsohlen kitzeln.

Über Nacht haben die großen Wellen aus der Tiefe viele Muscheln und Meeresschnecken an den Strand gespült.

Kleine weiße, braune und zartrosa Porzellanmuscheln, zartgeädert mit wundersamen Mustern, wie sie nur die Natur malen kann. Manche gleichen kleinen Porzellantieren.

Kauri-Muscheln heißen sie. Und vor uralten Zeiten, so hat Onkel Kamuk erzählt, wurden sie von den Menschen als Geldstücke benutzt. Das muß eine glückliche Zeit gewesen sein, hatte Onkel Kamuk gesagt, als man sein Geld noch in der Natur finden konnte. Die schönsten Muscheln galten als die wertvollsten. Vielleicht gab es damals gar keine armen Leute und keine reichen, denn jeder hatte ja die gleiche Möglichkeit, sich sein schönes Geld am Strand zu suchen.

Wieviel Leid, Armut, Hunger und Kriege wären den Menschen erspart geblieben, wenn sie für immer bei diesem Muschelgeld geblieben wären, hatte Onkel Kamuk gemeint.

Asina hatte nicht alles verstanden, aber manchmal fiel es ihr beim Muschelsammeln wieder ein, und da dachte sie darüber nach wie über ein Rätsel, das man noch nicht gelöst hat.

Asina hat große Freude an den Muscheln. Oh, wie viele es heute sind. Ein richtiger Glückstag. Sie sammelt alle in ihr Taschentuch, auch die kleinen rosa Schnecken mit den Stacheln. Stachelschnecken heißen sie. Asina kennt viele Namen. Das da ist eine Schraubenschnecke, wie eine braunrosa Schraube sieht sie aus. Die Zahnschnecke gleicht einem kleinen Elefantenstoßzahn. Der Triumphstern ähnelt einem runden Stern. Und dieses schöne zartrosa Gebilde ist eine echte Venusmuschel. Sie ist sehr selten.

Dann kennt Asina noch Klappmuscheln, Posthörnchen und Käferschnecken, Sonnenmuscheln und Mondsterne.

Fünfundzwanzigtausend Arten gibt es in den Meeren, sagt Asinas Lehrer, Herr Nilas. Die kennt Asina natürlich nicht alle. Auch Herr Nilas nicht. Denn jede Muschel sieht anders aus.

Bingo sammelt eifrig mit. Er nimmt jede Muschel in seine kleine Affenhand, schiebt sie sogleich in den Mund und prüft, ob sie eßbar ist. Wenn er die harte Schale der Muschel spürt, stößt er einen ärgerlichen Affenschrei aus und gibt sie Asina.

Asinas Taschentuch ist längst voll. Sie knotet es zusammen und versteckt es hinter einem Baumstamm. Dann sammelt sie weiter, indem sie das Kleid vorn wie eine Schürze anhebt und die Muscheln und Schnekken hineinlegt.

Karli hat Muscheln sehr, sehr gern. Asina hat ihm schon viele gesammelt. Karli kann davon nicht genug bekommen. Vielleicht auch, weil er sie gern an die Kinder in Rostock verschenkt. So haben auch die ein winziges Stück von Afrika in ihrer Stube. Und das regt an zum Träumen in die Ferne, sagt Karli.

Auch Asina träumt sich gern in die Ferne. Und manchmal überkommt sie eine ungeheuer prickelnde Ahnung, daß sie einmal eine hübsche kleine Frau werden würde, die ganze Scharen von Männern verzauberte. Und dann würde sie sich goldene Perlen in die Zöpfe flechten und eines der großen weißen Schiffe besteigen und in die Ferne fahren. Und dort würde sie lustige Dinge kaufen und allen, die sie liebhatte in Cocatuttibana, etwas Schönes mitbringen.

Mama eine Brille, damit sie besser die Namen und Adressen auf den

Briefen lesen konnte, die sie den Leuten als Postbotin jeden Tag bringen mußte. Papa würde sie ein kleines Kofferradio kaufen, weil er sich das schon lange wünschte. Den Brüdern vielleicht einen Fußball oder Boxhandschuhe. Und Onkel Kamuk ein Hörgerät, weil er manchmal so schwer hörte.

So träumt Asina am hellen Morgen in Cocatuttibana, während sie Muscheln für Karli sammelt.

Auf einen angespülten Baumstamm, dessen Stamm von der Sonne schon ganz ausgeblichen ist, setzt sich Asina hin, um auszuruhen.

Da sieht sie plötzlich vor sich eine wunderschöne weißrosa Muschel. Sie ist größer als Asinas Hand, und innen schimmert sie perlmutterfarben und zartlila.

So eine Muschel findet man nur an einem Glückstag. Vielleicht ist heute mein Glückstag, denkt Asina und hält sich die große Muschel ans Ohr.

Ihr werdet es vielleicht nicht glauben, aber in manchen großen Muscheln oder Meeresschnecken hört man das Rauschen des Meeres. Das ist rätselhaft und wundersam. Aber wer es einmal gehört hat, der weiß es.

Asina lauscht verzückt diesem fernen Meeresrauschen in der Muschel. Dann nimmt sie die Muschel vom Ohr und flüstert in ihre zartrosa Öffnung hinein wie in einen Telefonhörer: „Wann kommt das Schiff mit Karli aus Rostock?" Ganz fern und gleichmütig rauscht das Meer an Asinas Ohr, rauscht und rauscht.

Da bläst Asina hinein, und dabei erklingt ein wundersamer Ton. Der Ton des Muschelhorns. Er trifft mitten ins Herz und erweckt im Menschen eine große Sehnsucht nach der Ferne.

Diese Muschel wird sie Karli zur Begrüßung schenken. Und sie wird ihm sagen, daß er sie ans Ohr halten kann, wenn er in seinem Europa Sehnsucht nach ihr hat.

Auch Bingo hält sich jetzt die Muschel ans Ohr und bekommt ein verzücktes Affengesicht.

Asina packt alle ihre Schätze zusammen und schlendert zurück zum Hafen. Onkel Kamuk ist jetzt da. Aber er ist beschäftigt, denn er hilft den Fischern, die heute gefischt haben, die Kisten aus den Booten zu verladen und sie mit Sand zu bestreuen, um die Fische ein wenig vor der Sonne zu schützen.

Asina stellt sich neben Onkel Kamuk. Sie will ihm die Muscheln zeigen. Aber Kamuk sagt nur kurz: „Tag, Asina, geh weg, sonst machst du dir dein schönes Sonntagskleid schmutzig."

Traurig trottet Asina mit Bingo nach Hause.

11.

Wasser, Wasser, nichts als Wasser. Morgens, mittags, abends Wasser.

Schon vier Wochen ist die „Albatros" auf dem Meer, und der lange Bob sagt zu Karli, wenn das so weitergehe, bekäme er die Wassersucht oder einen Wasserklaps.

Karli tröstet ihn und meint, das sei ihm bei seiner ersten großen Seereise auch so gegangen. Aber jetzt seien sie bald da, nur noch zwei oder drei Tage.

Zum Glück wird Bob abgelenkt, denn ein Schwarm Delphine ist längsseits gekommen und führt seine lustigen Wasserspiele vor.

Bob füttert sie mit kleingeschnittenen Apfelschalen, daß die Delphine Kopfsprünge ins Wasser machen.

Da ertönt auf einmal eine Stimme von der Kommandobrücke: „Land in Sicht. Land in Sicht." Das ist ein Ruf, der wirkt auf die Seeleute wie Regen in der Wüste.

Alle rennen hinauf aufs Oberdeck. Das Fernglas geht reihum. Ja, wirklich, da in der Ferne sieht man die afrikanische Küste, und dort, in der Bucht bei den kleinen Hügeln, das müßte Cocatuttibana sein. Ganz deutlich kann man es mit dem Fernglas erkennen: Auf jedem der sieben Hügel steht eine Palme, die sich im Winde bewegt, so, als winke sie den Ankommenden fröhlich zu.

Bob läßt sich diese feierliche Gelegenheit natürlich nicht entgehen und spielt auf seiner Trompete einen Begrüßungsmarsch.

„Wenn die Geister einmarschieren..." heißt das Lied, und es klingt heute gut, denn Bob hatte ja viel Zeit zum Üben.

Danach krächzt natürlich der Papagei des Kapitäns sein unvermeidliches Wort „Schweinedampfer". Alle sind sehr froh, und Kapitän Albin Donnerberg, so ist nämlich sein Name, läßt die „Albatros" gleich einige Knoten schneller fahren.

Bald kann man schon die kleine Bucht von Cocatuttibana erkennen, in der die Boote mit den roten Segeln schaukeln. Heute ist zum Glück nur ein leichter Wind – und Himmel, Wasser und Land berühren sich auf sanfte Weise.

Ich muß es Kasimir Schneemann sagen, daß wir heute abend im Hafen von Coca anlegen. Hoffentlich bekommen wir gleich einen Liegeplatz und müssen nicht noch die Nacht vor Reede liegen, denkt Karli besorgt. Denn ihr müßt wissen, daß in kleinen Häfen nicht soviel Platz ist für große Schiffe, und manchmal muß man dann warten, bis ein Platz frei geworden ist, wie auf einem Parkplatz.

In der Kühlkammer sitzt Kasimir in seinem Korbsessel und hat die kurzen Schneearme überm Bauch gefaltet. Er schlummert, und ein wenig schnarcht er auch. Es ist mehr ein Schnurcheln. Karli betrachtet diesen schnarchenden Schneemann, dann tippt er ihm sacht an die rote Nasenspitze.

Schlaftrunken öffnet Kasimir die Blumenaugenwimpern und fragt das, was Schneewittchen auch schon mal gefragt hat: „Wo bin ich?"

„Du bist gleich in Cocatuttibana, bei Asina", antwortet Karli.

Da springt Kasimir Schneemann von seinem Sessel auf, rutscht aus und fällt vor lauter Freude fast um.

„Wenn wir Glück haben und einen Liegeplatz, legen wir am Abend an."

Dann muß Karli wieder an Deck, denn wenn ein Schiff einen Hafen anläuft, muß das ganze Schiff von oben bis unten gewischt und gebohnert werden. Deshalb hat Karli noch viel zu tun.

Gegen sechs Uhr mittelafrikanischer Zeit ist Cocatuttibana schon ganz nahe. Man sieht sogar Onkel Kamuks Hafenmeisterbüro, auch Asinas Lieblingsbaum mit den weißen Reihern. Und der Leuchtturm von Cocatuttibana hat schon sein Licht angezündet.

Denn es ist in Afrika eine seltsame Sache mit der Dämmerung: Es gibt sie gar nicht. Die Nacht fällt in den Tag hinein, ganz plötzlich und ohne Übergang. Eben ist es hell, und plötzlich ist es dunkel.

Die „Albatros" hat einen Liegeplatz bekommen, und genau um halb sieben Uhr läßt sie ihren großen Anker ins Hafenbecken fallen.

Wie ein Lauffeuer hat sich die Nachricht verbreitet, daß ein Schiff aus Europa angekommen ist.

Und wie jedesmal laufen alle, die Zeit haben, hinunter zum Hafen, um das fremde Schiff und seine Besatzung zu begrüßen. Auch die „Albatros" grüßt mit der Schiffssirene, die wie eine Elefantenherde tutet. Und Bob schmettert ein Trompetensolo hin, daß die Fische, Affen und Vögel, die schon eingeschlafen sind, erschrocken aufwachen. Aber die Leute

von Cocatuttibana finden diese Musik herrlich und klatschen begeistert Beifall. Und Bob verneigt sich auf dem Oberdeck. So ein dankbares Publikum hatte er noch nie.

Karli hat Kasimir Schneemann natürlich auch schon nach oben geholt und neben sich an die Reling gestellt. Und eine große Flasche Kühlsaft hat er dabei.

Noch ist es hell, und Karli hat auch schon unter den Kindern Asina entdeckt, Asina im roten Sonntagskleid mit den 21 Zöpfen und Schleifen.

Jetzt sieht auch Kasimir Asina.

Auf dem Arm hat sie das Äffchen Bingo, und um sie herum stehen die kleinen Brüder Boko, Kwasi und Sambo. Alle Kinder winken.

Schnell ist das Boot ins Wasser gelassen. Darin sitzen Karli, Kasimir Schneemann, der Kapitän und der Bootsmann. Als das Boot an der Hafenmole anstößt, wird Kasimir vorsichtig aus dem Boot getragen.

Und dann beginnt die große Begrüßungszeremonie: Der Bürgermeister von Cocatuttibana küßt den Kapitän und der Kapitän den Bürgermeister. Sie tauschen eine kurze Grußbotschaft für ihre beiden Länder aus, und der Kapitän meldet dem Bürgermeister, daß sie zwanzig Traktoren für Cocatuttibana mithaben, und der Bürgermeister teilt mit, daß neuntausend Kilo Bananen gepflückt sind und morgen in den Bauch der „Albatros" verladen werden können. Dann klatschen alle Beifall, und die Kapelle von Cocatuttibana spielt ein großes Trommel-Tamm-Tamm.

Karli, Asina und Kasimir Schneemann haben sich längst gefunden. Karli macht sie höflich miteinander bekannt. Übrigens sind beide etwa gleich groß. Ein wenig verlegen stehen sie sich gegenüber, reichen sich die Hände, die schokoladenbraune faßt die Schneehand. Und dann gibt Asina Kasimir Schneemann einen Kuß auf seinen Schneemund. Und Kasi küßt zurück. Dabei färben sich seine Wangen zartrosa, und er flüstert: „Jo Amoschawi." Asina ist bei dem Kuß ein wenig zurückgezuckt. Der Kuß eines Mannes aus Schnee ist ja bekanntlich kalt, und die, die schon mal so einen Eiskuß bekommen haben, werden es bestätigen können.

Aber im zweiten Augenblick tut der kalte Kuß wohl und dringt Asina bis in die Fußspitzen. Denn wir befinden uns ja im heißen Afrika, und da ist der Kuß eines Schneemannes die herrlichste Erfrischung. So empfindet es Asina. Und sie tippt Kasimir sachte mit ihrem braunen Finger an die Schneewange, als wollte sie sich überzeugen, daß sie nicht träumt.

Natürlich sind auch alle anderen voller Staunen.

Wie lustig dieses seltsame weiße Wesen aussieht. Und seine Nähe ist so frisch und angenehm, daß sie sich gar nicht zurückhalten können, Kasimir Schneemann auch anzufassen. Vor allem die Kinder.

Und einige Kinder, denen es gelungen ist, zwischen den Beinen der großen Leute hindurchzuschlüpfen, die setzen sich Kasimir zu Füßen und stippen ihn auch mit ihren kleinen Fingern an. Und die ganz mutigen belecken ihn sogar mit der Zunge. Das schmeckt so gut wie Eis, freilich nicht so süß. Denn ein gezuckerter Schneemann ist Kasimir ja nicht.

Ein großer Kreis hat sich um ihn gebildet. Und auch der alte Hafenmeister Kamuk begrüßt Kasimir, indem er seine blaue Mütze abnimmt. Das tut er nur in besonderen Augenblicken.

Asina sieht Onkel Kamuk an. „Das hättest du wohl nicht gedacht", sagt sie stolz. Und da kann Kamuk nur nicken. Denn so alt er geworden ist, einen Schneemann hat er in seinem ganzen langen afrikanischen Leben noch nicht gesehen.

Auch Bingo, der Affe, der an einer Kakaonuß lutscht, hat sich mit Kasimir bekannt gemacht. Er ist ihm sogar auf den Kopf geklettert und will nach Kasis Möhrennase greifen.

Da bekommt er von Asina einen Klaps auf den Affenpopo.

Die Sonne geht langsam unter.

Und als alle Kasimir genügend bestaunt haben, wird es plötzlich dunkel. Wie gesagt, nicht langsam, sondern ganz schnell wird es dunkel.

Aber das macht gar nichts, denn Karli hat eine Taschenlampe und geht damit voraus. Kasimir trägt er auf dem Arm. Und Asina schreitet daneben, stolz wie eine Königin. Und alle Kinder folgen ihnen, so daß es ein richtiger Festumzug ist.

Der Festumzug endet in der Löwenstraße in Asinas Garten.

Sicher könnt ihr euch vorstellen, wie sehr auch Asinas Mama und Papa über Kasimir Schneemann staunen.

Sie setzen sich alle im Garten unter die Affenbrotbäume. Und in die Mitte stellen sie Kasimir Schneemann. Seltsam ist nur, daß einige der Blumen ihre Blütenblätter schließen, sobald Kasimir in ihre Nähe kommt. So, als fürchteten sie sich vor seiner Kälte.

Aber das merkt keiner, denn im Garten ist es ziemlich dunkel, nur ein roter Lampion leuchtet in den Zweigen des Affenbrotbaumes.

Sie sitzen in der Abendkühle, und Karli erzählt den Kindern in Cocatuttibana, daß Kasimir ein Geschöpf aus Schnee ist, daß ihn Kinder in

Rostock gebaut und ihn geschenkt haben, mit lieben Grüßen an Asina und die afrikanischen Kinder.

Natürlich fragen die Kinder, was denn Schnee ist. Karli erklärt, daß der Schnee im Winter in Europa vom Himmel fällt, daß man dann friert und Schuhe aus Pelz und Mützen und Handschuhe aus Pelz anziehen muß. Die afrikanischen Kinder lachen darüber sehr. Schuhe aus Pelz, wie ulkig. Das können sie sich nicht vorstellen.

Und dann erzählt Karli von Schneeland, der eigentlichen Heimat von Kasimir Schneemann, von seinen Verwandten, den Pinguinen und den Eskimokindern, den Schneemühlen und den Babys mit den Pelzwindeln. Und daß die Kinder mit den Schlitten, an denen kleine Glöckchen bimmeln, den Buckel der Berge hinunterfahren. Die afrikanischen Kinder lauschen.

Um ganz ehrlich zu sein, obwohl es im Garten schattig und kühl ist, entsteht um Kasimir ein kleiner Wasserfleck, ein ganz kleiner, den zum Glück keiner sieht, weil es so schummrig ist.

Karli erzählt, und manchmal mischt Kasimir einige Worte in der Schneesprache dazwischen, wie Scheschi-bong oder Waschawi-schalosie, und das klingt so fremd und geheimnisvoll, daß die Kinder gebannt auf seinen Schneemund schauen und lachen müssen, wie sich seine Möhrennase beim Sprechen bewegt. Und wenn Stille eintritt, dann hört man die Zikaden sirren oder den schrillen Schrei eines Regenpfeifers.

Als der Mond aufgeht, ist es Zeit, auf Wiedersehen zu sagen. Die ganz kleinen Kinder sind schon eingeschlafen.

Asina und Karli verabschieden sich, und Karli verspricht, daß er am Nachmittag, wenn die Traktoren abgeladen sind, wieder vorbeikommt.

Und Asina schenkt ihm noch ein Kästchen mit den gesammelten Muscheln. Auch die ganz große, die mit dem Meeresrauschen, liegt darin.

Karli gibt Asina noch die Flasche mit Kühlsaft und flüstert ihr ins Ohr: „Wenn Kasimir schwitzen sollte, gieß ihm das einfach in den Hals. Das hat er gern."

„Scheschi-bong", flüstert Kasimir. Das heißt in Schneeisch: „Auf Wiedersehen".

12.

Wie still ist es jetzt in Asinas Garten in der Löwenstraße. Die Vögel schlafen und nur der Coha, der ein Nachtvogel ist, durchbricht mit heiserem Schrei die Stille, als wolle er etwas Unheimliches verkünden.

Wenn es ganz still ist, hört man die Tempelblüten auf den gestampften Lehmboden fallen. Und der Wind wispert mit den Schatten der Bäume, als wolle er schlafende Geister wecken.

Ganz fern hört man das Pochen einer Trommel, wie ein Herzschlag.

Kasimir und Asina stehen am Fenster der kleinen Schlafkammer und schauen in den nächtlichen Garten.

Es ist eine wundersame afrikanische Nacht. Durch die Fächerpalmen schimmert die silberne Mondlampe, und in den Maniokbüschen glimmen die Leuchtkäfer.

Und in der Stille dieser Nacht sind sich Asina und Kasimir so nahe, obwohl ihr Herz vor Staunen tief erschrickt, daß Kasimir aus so kalter Ferne gekommen ist. Und wenn sie sich vorstellt, wie eisig kalt es in seiner Heimat Schneeland ist, bekommt sie gleich eine Gänsehaut.

Aber doch ist ihr so, als ob sie Kasimir schon lange kennt, ihr ganzes Leben lang. So vertraut ist er ihr.

Und Asina legt ihren Arm auf Kasimirs Schneeschulter und Kasimir seine Schneehand auf Asinas braunen Arm.

Das ist ein Gefühl, als wenn sich Feuer und Wasser berühren; es ist über alle Maßen aufregend.

So stehen sie beide noch lange am Fenster, schauen in die afrikanische Nacht und spüren das große Wunder ihrer Begegnung.

Dann fallen Kasimir die Blumenaugen zu. Asina bietet ihm ihren Schaukelstuhl zum Schlafen an, das ist für Kasimir sehr bequem.

Asina schaukelt Kasimir in den Schlaf. „Träum schön", flüstert sie noch in sein Schneeohr.

„Schoscha-aschana", flüstert Kasimir.

Und den Affen Bingo sperrt Asina hinaus, damit sich der freche Kerl nicht wieder an Kasimirs Nase vergreift.

Kasimir träumt wirklich. Er träumt sich mit Asina in seine Heimat.

Sie halten sich an den Händen und laufen durch den Schnee, daß Asinas nackte braune Beine bis zum Knie darin versinken. Aber Asina spürt die Kälte nicht, denn Traumschnee ist ja nicht kalt.

Weiße Blumen aus Eiskristallen stehen am Wege, und an einer Schneeschlitten-Haltestelle steigen sie in einen großen Schlitten, den sieben weiße Rentiere ziehen.

Und die anderen Leute, die bis zur Nasenspitze in dicke Pelze gemummelt sind, staunen über die schokoladenbraune Asina im hauchdünnen Kleid, mit den vielen Zöpfen und der Muschelkette am Hals. Sie stippen mit Pelzhandschuhen Asinas nackte Haut an und wundern sich, daß dieses braunhäutige Wesen nicht friert.

So fliegen sie über den glitzernden Schnee, daß er aufstiebt und die Glöckchen verschreckt bimmeln. Und beide sind traumglücklich in Schneeland.

Von den Glöckchen ist Kasimir aufgewacht, doch da sieht er im Bett gegenüber Asina liegen, und das ist viel schöner als der Traum.

Kasimir flüstert ihren Namen. Aber Asina schläft fest, und vielleicht spielt sich auch unter ihren Augenlidern ein Traum ab, der so aussieht: An Asinas Hand durchwandert Kasimir Schneemann den afrikanischen Urwald. Sie stolpern über die Wurzeln der Feigenbäume, die Kletterlianen hängen wie Strickleitern herab, überall schauen die wundersamsten Blumen hervor, Orchideen wie bunte Schmetterlinge, die an Zweigen festgewachsen sind, und die feuerroten Hibiskusblüten. Asina erklärt ihm die Namen der Bäume und Blumen, und es riecht schwer und süß nach den aufblühenden und absterbenden Blüten. Und wenn Asina in die Hände klatscht, kommen die kleinen Affen in Scharen hervor und werfen mit Bananen nach Kasimir. Und wenn sie ihn anfassen, ziehen sie gleich die Affenhand zurück, als hätten sie einen Stromschlag bekommen. Grüne und gelbe Papageien krächzen fröhlich: „Ein Schneemann in Afrika – tralala – ein Schneemann in Afrika – hurra."

Und dann wird es plötzlich ganz still, und es kommt der König der Tiere, der Löwe, hervor. Doch er ist schon alt und hat keine Zähne mehr, das sieht man, weil er zur Begrüßung sein Maul aufreißt. Es wirkt sehr heiter, und man könnte meinen, der König der Tiere gähnt.

Aber Kasimir verbeugt sich trotzdem höflich vor ihm und nimmt dabei seine Matrosenmütze vom Kopf.

Auch andere Tiere begrüßen Kasimir Schneemann: Eine Giraffe beugt ihren langen Hals herunter, um an ihm zu lecken.

Die Sonne brennt wie ein goldenes Feuer, und Kasimirs weiße Haut färbt sich schon ein wenig braun. Und obwohl es so heiß ist, taut Kasimir nicht. Weil ein Schneemann im Traum ja nicht taut.

13.

Am frühen Morgen erwacht Asina, vom Dampfertuten oder von der Sonne. Sie rekelt sich wohlig. Doch was ist das für ein merkwürdiges Geräusch. Ein tiefes Schniefen oder Seufzen, wie wenn einer Schnupfen hat.

Asina blinzelt, und als sie die Augen richtig aufmacht, springt sie erschrocken aus dem Bett.

„Kasimir", schreit sie, „Kasimir, was ist mit dir?"

Schweiß läuft über Kasimirs Gesicht, oder sind es Tränen? Die Mütze ist weit über die Ohren gerutscht, die Möhrennase ist wieder mal schlapp gesenkt. Matt flattern die Blumenaugen. Und um ihn herum ist ein großer nasser Fleck.

Asina kniet sich im Nachthemd vor ihn hin, mitten in die Wasserpfütze.

„Kasimir, warum weinst du? Gefällt es dir nicht bei mir?"

Kasimir versucht zu lächeln. Dann schüttelt er seinen Kopf und flüstert mit heiserer Stimme: „Ich glaube, ich werde krank. Mir bekommt deine afrikanische Sonne nicht."

„Aber Sonne tut doch allen Menschen und Tieren und auch den Pflanzen gut", wendet Asina ein.

„Aber ich bekomme davon Sonnenfieber – und taue."

„Was ist Sonnenfieber?"

„Es ist eine Schneemannskrankheit", haucht Kasimir heiser.

„Kann man daran sterben?" fragt Asina angstvoll.

Kasimir blickt stumm, antwortet nicht.

Asina streichelt ihm zärtlich die Wange.

„Es wird bald vorbei sein mit mir. Dann darfst du nicht traurig sein. Es ist eben Schneemannslos. Und bitte, weine nicht! Es wird aussehen, als würde ich sterben. – Aber eigentlich verwandle ich mich nur", fügt er tröstend hinzu.

„In was willst du dich denn verwandeln?" fragt Asina ratlos.

„Ach, vielleicht in einen Regen oder eine weiße Wolke oder einen…"

„Aber ich will nicht, daß du dich verwandelst", bittet Asina. „Als Schneemann bist du viel lustiger."

Kasimir seufzt: „Weißt du, für einen Schneemann hatte ich ein wunderbares Leben. So viele Abenteuer! Schließlich war ich ja der erste Schneemann, der nach Afrika gekommen ist. – Und Sterben, das ist sehr traurig, aber es ist der Lauf der Welt. Ich wußte ja, daß es so kommt."

Über Asinas Wangen und Nase laufen die Tränen.

„Ich will nicht, daß du stirbst. Nein, nein und niemals."

„Aber ich schaffe es nicht mehr."

„Was?"

„Nach Hause zu kommen, nach Schneeland", antwortet er leise, und seine Augen blicken fernwehweit.

In Asinas Kopf blitzt jetzt ein Gedanke auf. Die blaue Flasche mit der fremden Aufschrift, die ihr Karli gestern abend gegeben hat. Vielleicht ist das die Rettung.

Schnell holt Asina die Flasche aus der Küche, öffnet sie und riecht daran. Oh, was für eine spitze Kälte aus der Flasche kommt!

Und schon gießt Asina beherzt Kasimir Schneemann den Kühlsaft in den Hals. Da schüttelt er sich, so, als ob er erschauert, und dann gibt es einen kleinen Ruck in seinem Schneekörper, und er hebt ein wenig den Kopf.

Die Tränen laufen nicht mehr, sondern gefrieren in den Augenwinkeln zu kleinen Eisperlen.

„Ist Schneeland weit?“ fragt Asina.

„Ja, sehr, sehr weit“, sagt Kasimir.

„Aber du könntest in die Kühlkammer zurück“, fällt Asina ein.

Doch da schüttelt Kasimir den Kopf.

„Nein, Asina, das möchte ich nicht. Lieber will ich mich verwandeln. Immer eingesperrt sein, weißt du, das ertrage ich nicht. Für eine Weile geht das. Aber nicht für immer.“

„Aber dann lebst du wenigstens“, meint Asina energisch und überzeugt.

„Ja. Aber es beschädigt die Seele, immer eingesperrt zu sein. – Auch die Seele eines Schneemannes.“

Nun schweigen sie beide und sehen sich in die Augen.

„Du mußt nach Schneeland, Kasimir. Ich helfe dir dabei. Warte, ich bin bald wieder zurück.“

Hastig zieht sie sich das Kleid über und läuft aus dem Haus.

Durch die offene Tür ist das Äffchen Bingo geschlüpft. Neugierig betrachtet es Kasimir, leckt an der Wasserpfütze und an Kasimirs Schneebein. Und dann klettert es auf seine Schulter und greift nach der Möhrennase.

Das hätte Bingo wirklich nicht tun sollen, denn Kasimir ist viel zu schwach, um sich zu wehren.

Aber für einen Affen in Afrika ist eine Mohrrübe eben ein höchst fremdartiges Ding.

Bingo schnüffelt daran und dann, dann beißt er die Mohrrübe einfach an.

14.

Als Asina zum Hafen hinunterläuft, sieht sie, wie gerade ein großes Schiff den Hafen verläßt und meerwärts fährt.

Und unten am Hafen werden die Traktoren ausgeladen.

Alle sind sehr beschäftigt, schreien und gestikulieren wild, als das

Drahtseil des Hebekrans den ersten gelben Traktor sachte aufsetzt.

Niemand sieht Asina, soviel sie auch winkt und ruft.

Endlich hat Karli sie entdeckt und gibt ihr ein Zeichen, daß er gleich zu ihr kommt.

Karli ahnt nichts Gutes, als er Asina begrüßt.

„Der Schneemann Kasimir... er... er löst sich auf... er stirbt...", stammelt Asina.

Karli streichelt sie.

„Bitte, weine nicht. Bitte. Es ist alles meine Schuld. Ich hätte es wissen müssen. Entschuldige."

„Was hättest du wissen müssen?" Asina wischt mit dem Kleiderzipfel die Tränen ab.

„Na, daß man einen Schneemann nicht nach Afrika bringen kann. Es ist eine verrückte Idee gewesen. Ich hätte es nie tun dürfen."

Asinas große braune Augen treffen Karlis blaue.

„Aber denk doch, ich hätte sonst niemals den Schnee und einen Schneemann gesehen..."

Karli denkt eine Weile nach und sagt: „Er muß eben wieder zurück in unsere Kühlkammer."

Asina schüttelt heftig den Kopf.

„Nein, das will er nicht. Ich hab es ihm auch gesagt. Aber er meint, es beschädigt die Seele, wenn man immer eingesperrt ist. Verstehst du das?" Karli nickt.

Da trocknet Asina entschlossen die Tränen ab. Der schmerzhafte Gedanke ist längst zum Entschluß geworden.

„Wir müssen ein Schiff finden, das nach Schneeland fährt. Ganz schnell. Onkel Kamuk wird uns helfen."

„Aber von hier fährt doch kein Schiff nach Schneeland."

Entschlossen greift Asina Karlis Arm und zieht ihn zur Hafenmeisterei. Im Vorgarten unter einer kleinen Palme sitzt der alte Hafenmeister Kamuk und beobachtet durchs Fernrohr, wie der nächste gelbe Traktor durch die Luft schwebt.

„Onkel Kamuk, bitte hilf uns, Kasimir Schneemann muß..."

Der alte Kamuk sieht Asinas Gesicht, und er weiß gleich Bescheid.

„Ihr kommt zu spät", sagt er traurig. „Vorhin ist die ‚Pinguin' losgefahren. Da!" Und er zeigt aufs Meer, dort sieht man noch den großen weißen Dampfer.

„Bitte, ruf sie zurück, Onkel Kamuk", fleht Asina.

„Wie kann ich denn das?" seufzt Kamuk.

„Mit deiner Sprechmaschine", bettelt Asina. „Ich weiß, daß du es kannst."

„Aber ich habe jetzt viel zu tun. Gleich müssen die Bananen verladen werden. Da brauchen sie mich."

„Ist die Funkanlage in Ordnung?" fragt Karli.

Onkel Kamuk nickt und macht Karli ein Zeichen.

Die Funkanlage im Hafenmeisterbüro ist schon recht alt, aber sie funktioniert. Denn als Karli die ersten Knöpfe gedrückt hat, ertönt schon eine rauhe Stimme in fremder Sprache: „Tuda Pinguin..."

Und dann gelingt es Karli, in der fremden Sprache zu erklären, daß hier ein Schneemann, nein, kein Seemann, ein Schneemann in Cocatuttibana in Not ist und schnell nach Schneeland muß. Nein. Kein Spaß. Ein Wunder. Ja, in einem Kühlraum.

Der Funker der „Pinguin" hat alles verstanden, muß es aber erst seinem Kapitän erklären. Das dauert.

Dann kommt endlich die Antwort in der fremden Sprache.

„Ja. Wir stoppen das Schiff und schicken unser schnellstes Boot."

Als Asina und Karli in die Löwenstraße kommen, herrscht große Aufregung im Haus.

Boko, Asinas kleiner Bruder, sitzt neben Kasimir Schneemann und weint.

Und Kasimir sieht so traurig aus, daß es einem das Herz bewegt. Klein und pitschnaß steht er in einer großen Wasserpfütze. Die Seemannsmütze ist ihm weit über die Ohren gerutscht, so daß man seine Blumenaugen nicht mehr sieht.

„Wo ist seine Nase?" schreit Asina Boko an.

„Weiß ich doch nicht, aber ich glaube, der Affe hat sie gefressen."

Asina sieht sich im Zimmer um. Das Äffchen Bingo sitzt auf dem Fensterbrett und guckt dümmlich und frech. Und dann findet Asina unterm Bett Kasimirs Mohrrübennase, freilich beträchtlich angebissen.

Asina bückt sich zu Kasimir und streichelt ihn. Ihre Finger werden gleich ganz naß, aber sie merkt es gar nicht.

Kasimir seufzt und winkt Karli schwach mit der Schneehand einen Gruß zu.

Behutsam nimmt Asina Kasi die Seemannsmütze ab und wickelt ihm aus ihrem schönsten Halstuch einen bunten Turban um den Kopf.

Und dann steckt sie ihm entschlossen eine Banane mitten ins Gesicht. Jetzt hat Kasimir Schneemann eine Bananennase, die ist leuchtendgelb.

Und jeder, der Kasimir Schneemann so sieht, muß ein wenig lachen, denn er sieht fürchterlich verwegen aus mit seiner etwas krummen Bananennase und seinem bunten Turban.

Asina flüstert Kasimir etwas ins Ohr. Und dann geht alles blitzschnell.

Karli nimmt Kasimir Schneemann auf den Arm. Und hinter ihm laufen Asina, Boko und das Äffchen Bingo. Und andere Kinder schließen sich an, denn das traurige Ereignis hat sich schnell in der Löwenstraße herumgesprochen.

Von fern hört man das Tuten eines Dampfers.

Als sie zum Hafen kommen, hat gerade das Boot der „Pinguin" angelegt. Zwei Seeleute mit hohen weißen Mützen sehen sich suchend um.

Asina rennt voraus, winkt und ruft: „Hallo! Hier sind wir!" Die Seeleute steigen aus dem Boot und sehen dem seltsamen Zug entgegen, der angeführt wird von einem Seemann mit einem Schneemann auf dem Arm.

Ja, es gibt eben seltsame Dinge auf der Welt, Dinge, die man in keiner Schule lernt und die man sich nur schwer ausdenken kann.

Da steht man am Äquator und weiß nicht, was man vor lauter Hitze noch ausziehen soll, so heiß ist es. Und dann steht man plötzlich einem Schneemann gegenüber, einem mit buntem Turban und Bananennase.

So etwa denken die beiden Seeleute von der „Pinguin", bevor sie herzhaft Asina, Karli und Kasimir Schneemann begrüßen.

Und während Karli den beiden kurz die seltsame Lebensgeschichte von Kasimir erzählt und sie aufklärt, welches seine Lieblingsspeisen und seine bevorzugte Temperatur im Kühlraum sind und daß man am besten den Kühlsaft vor ihm verschließt, da nehmen Asina und Kasimir voneinander Abschied.

Afrika, ade, Abschied tut weh.

Asina streichelt Kasimir und gibt ihm den Abschiedskuß. Asina spürt die Kälte nicht, nur im Herzen ist ihr ganz kalt, und die Tränen fließen

leise und unaufhaltsam, rinnen als große traurige Tropfen über Nase und Lippen.

Auch in Kasimirs Augen glitzern Schneetränen.

Als ihm Asina ihre Muschelkette um den Hals hängt, schnieft Kasimir: „Besuchst du mich mal in Schneeland?"

Asina nickt schluchzend und steckt sich den Kleiderzipfel in den Mund.

„Dann zeig ich dir die Schneemühlen, und wir fahren mit dem Rentierschlitten ins Schneegebirge. Aber du mußt dich warm anziehen, unsere Luft ist so kalt wie Eis", flüstert Kasimir mit heiserer Stimme.

„Es war nett, daß du hier warst. Ich werde dich niemals vergessen", flüstert Asina. „Und grüß die Eskimokinder, deine Freunde."

„Scheschi-bong", flüstert Kasimir.

Und dann wird Kasimir ins Boot getragen. Die beiden Seeleute werfen den Motor an.

Das Boot entfährt den Blicken so schnell, daß man von Kasimir nur noch den bunten Turban leuchten sieht.

Asinas kleine braune Hand umklammert Karlis große Seemannshand. Schweigend stehen sie so und schauen auf das weite Wasser, und das Boot ist ein kleiner heller Punkt im Meer. Und als das Boot die „Pinguin“ erreicht hat, da ertönt ein ferner dumpfer Ton, so heiser wie ein Muschelhorn.

Und die Wellen schaukeln die Fische und schäumen übermütig an den Strand und umspülen auch Asinas Füße, als wollten sie sie zärtlich trösten.

Afrika, ade, Abschied tut weh.

Kleiner Nachsatz

Afrika, ade, Abschied tut weh.

Ja, manchmal geschieht es, daß man sich von dem, was man sehr liebt, trennen muß.

Aber in der Trennung liegt gleichzeitig der größte Liebesbeweis, wenn man den anderen damit retten kann.

Dann ist es das Zeichen der größeren Liebe, und fast bricht einem das Herz dabei entzwei.

Weit, weit und unendlich ist das Meer. Gleichmütig schaukelt es in seiner großen Wasserwiege die Fische und trägt die großen weißen Schiffe, die vielleicht Glück und Geheimnis bringen.

An manchen Tagen steht Asina am Strand von Cocatuttibana und wartet. Oder sie sitzt unter ihrem Lieblingsbaum, in dessen riesigem grünem Blättergewölbe die weißen Reiher ihre heiseren Vogellieder singen.

Und Asina schaut hinaus aufs Meer und sieht die weißen Dampfer kommen und wieder in der Ferne verschwimmen. Darüber schwingt der traurige Ton des Muschelhorns. Und es ist, als ob sie auf etwas Wunderbares wartet.

An die alte Hafenmeisterbude von Onkel Kamuk haben die Kinder von Cocatuttibana mit bunter Kreide ein seltsames Geschöpf gemalt: einen kleinen Schneemann mit buntem Turban und einer leuchtendgelben krummen Bananennase.

So hat Kasimir Schneemann sein Bild in Afrika hinterlassen. Und wenn Kasimir nicht getaut ist, dann lebt er heute noch.

Von der gleichen Autorin:

Der Engel mit dem goldenen Schnurrbart

Illustrationen von G. Ruth Mossner
Für Leser von 10 Jahren an

Lilli hat die langweiligste Krankheit der Welt: Gelbsucht. Sie muß in ihrem Zimmer bleiben, keiner darf sie besuchen. Alle Spiele sind gespielt, alle Schubladen sind aufgeräumt. Lilli steht ratlos am Fenster und hofft, daß irgend etwas Außergewöhnliches geschehen möge. Da landet Ambrosius auf dem Fensterbrett. Er ist vom Himmel in eine Pfütze gefallen und bittet Lilli, ihm sein weißes Hemd zu waschen. Ambrosius hat schwarze Locken, ein geheimnisvolles Leuchten in den Augen, und er hat einen goldenen Schnurrbart. Ambrosius ist ein Engel. Mit ihm beginnt für Lilli eine wunderbare Zeit, die sehr lustig, manchmal traurig, immer aber ein wenig anstrengend ist. Denn weder Lilli noch die Menschen ihrer Umgebung haben Erfahrung im Umgang mit Engeln.

Der Kinderbuchverlag Berlin

Moritz in der Litfaßsäule

Illustrationen von Günter Wongel
Für Leser von 10 Jahren an

Moritz, neun Jahre alt, will nicht mehr zur Schule, will auch nicht mehr zu Hause bleiben. Alle sind mit ihm unzufrieden, keiner hat Zeit für ihn. Und die gerade braucht er, der alles immer recht langsam und gründlich erledigen möchte. Moritz zieht sich in seine Litfaßsäule zurück. Drei Tage ist er nicht auffindbar. Draußen sucht man ihn, sorgt sich und überdenkt, was man falsch gemacht hat.
In der kleinen runden Welt der Litfaßsäule aber ist Moritz nicht allein. Hier wohnt auch die gewitzte altkluge Katze Kicki, die sich ausführlich mit Moritz unterhält. Und er lernt den Straßenfeger kennen, der ihm hilft, zu begreifen, daß man sich vor dem Leben nicht verstecken kann.

Der Kinderbuchverlag Berlin

ISBN 3-358-00930-0

1. Auflage 1987

Lizenz-Nr. 304-270/50/87-(20)
Gesamtherstellung: INTERDRUCK Graphischer Großbetrieb Leipzig,
Betrieb der ausgezeichneten Qualitätsarbeit, III/18/97
LSV 7521
Für Leser von 8 Jahren an
Bestell-Nr. 632 769 0
00650